KB205423

제도권 선교의 대안이며, 시의적절하고, 지극히 성경적인

풀뿌리 선교

(주)죠이북스는 그리스도를 대신한 사신으로
문서를 통한 지상 명령 성취와 하나님 나라 확장을 위해 노력합니다.

풀뿌리 선교
© 2023 손창남

제도권 선교의 대안이며, 시의적절하고, 지극히 성경적인

풀뿌리 선교

모든 성도의 선교적 삶의 실천 방향

손창남 지음

죠이북스　omf

차례

몇 년 전 카이로를 방문했을 때, 현지 교회 리더에게 그 지역의 선교를 위해서 선교사보다 기독교 신앙을 갖고 있는 직업인이 더 필요하다는 말을 들은 기억이 있습니다. 이런 지역들은 선교사와 같은 전문적인 사역자보다는 자기 직업을 가지고 와서 그 지역인들과 함께 살며 일상의 삶을 나눌 그리스도인이 요구된다는 말입니다.

지난 200년 이상 서구 교회는 비서구 국가들에 선교사를 보냈고 그들의 순교와 헌신으로 수많은 비서구 국가에 기독교 교회 유산이 뿌리내렸습니다. 그러나 지금은 젊은 선교사들의 헌신이 줄어드는 서구나 우리나라의 선교 상황을 보면, 선교의 남은 과제를 언제쯤 완수할지 답답함을 느끼게 됩니다.

저자가 제안하는 풀뿌리 선교는 이런 갈증을 해결해 주는 선교의 또 다른 모델입니다. 한국 교회에는 선교사 파송도 필요하지만 선교가 운동으로 발전하기 위해 선교하는 성도(선교인, 혹은 Mission-minded Christian)가 필요합니다. 한국 교회에는 '바이끄'와 같은 250만 명의 이주민이 그리스도를 알 수 있도록 돕는 '양동철' 형제 같은 이가 필요하고, 유학 가서 우본완 교수에게 복음을 전하고, 그녀를 통해 약혼자 '난타차이'에게까지 복음이 들어가도록 한 '홍성철' 형제 같은 이가 필요합니다. 이들은 선교사가 아니었지만 삶을 통해 주변 사람들에게 선한 영향을 끼쳤고, 복음으로 그리스도인의 삶을 보여 주는 전형적인 풀뿌리 선교의 모델이라 할 수 있습니다.

사도행전 11장에 등장하는, 예루살렘을 떠나 안디옥으로 간 유대인들처럼 오늘날에도 비자발적으로 혹은 자발적으로 외국에 체류하는 한국 교민(Korean Diaspora)들에게 이 책의 일독을 권합니다. 우리 근처에 와 있는 타문화 사람들에게 그리스도를 전하고자 하는 비전을 가진 성도들에게도 일독을 권합니다.

이제 전문적인 선교사 파송 시대는 저물어 가지만, 풀뿌리 선교 모델에서 보여 주는 선교 운동은 다시 한국 교회 선교를 회복시킬 뿐 아니라 지역 교회를 생동감 있는 선교적 교회로 만들어 주리라 믿습니다. 그런 선교적 교회를 꿈꾸는 모든 목사님에게 이 책을 필독서로 권합니다.

_강대흥(KWMA 사무총장)

'풀뿌리 선교'라는 말이 참 매력적입니다. 저자의 말처럼 시의적절하고 성경적이기 때문입니다. 또한 교회가 주축이 되는 선교적 모델이 2,000년 동안 선교 시대를 이끌어 왔으나 이 '풀뿌리 선교'는 현재의 선교적 한계를 넘어 확장된 선교 모델이며, 저자의 말처럼 대안이 되는 모델이기 때문입니다. 이는 저자가 33년간 선교적 삶을 살아오면서 몸으로, 삶으로 익혀 온 선교 모델이기에 더욱 실제적입니다.

현재의 제도권 선교 모델은 국가와 지역과 민족이 가진 한계를 넘어야 하는 상황을 맞닥뜨리고 있습니다. 그런데 이 '풀뿌리 선교' 모델에 따르면 선교의 한계를 넘어서 '보냄받았다'는 의식 있는 모든 그리스도인이 다양한 국가와 지역과 민족으로 흩어져서 선교적 삶을 살아갈 수 있습니다. 이런 시점에서 '풀뿌리 선교' 운동은 매력적인 선교 모델이 아닐 수 없습니다.

저자가 말했듯이 이 선교 모델이 1세기 초기에 교회가 막 형성되어 복음이 확산된 배경에서 나타난 것처럼(사도행전 8장과 11장 참고) 풀뿌리 선교는 교회가 제도권 선교를 본격적으로 시작하기 전에 흩어진 사람들에 의해 주도된 성경적 선교라 할 수 있습니다. 즉 이 성경적인 '풀뿌리 선교'가 21세기 선교의 새로운 동력이 되고 주도적 선교 모델이 된다면 더 많은 나라와 민족과 지역에서 선교 활동이 강화되리라 생각됩니다. 그러므로 우리는 사람이 사는 땅이라면 어디에나 흩어져서 그곳에 삶의 뿌리를 내리고 예수를 따르며, 선교적 삶을 살아가는 '풀뿌리' 같은 삶을 살아야 합니다. 앞으로도 '바이끄 이야기'와 같은 풀뿌리가 많이 나오고, '풀뿌리 선교'에 푹 빠져서 모든 나라와 민족 가운데서 예수를 따르며 선교적 삶을 살아 내는 수많은 사람이 일어나기를 기대합니다.

_공베드로(한국 OMF 대표)

하나님의 비전인 선교를 위해 지난 20년 동안 손창남 선교사와 영적 이인삼각의 길을 함께 걸어올 수 있던 것이 하나님의 은혜입니다. 손창남 선교사는 인도네시아라는 선교 현장과 한국 OMF 본부라는 선교 행정과 선교 동원의 현장에서, 그리고 저는 제주도 서귀포에 있는 법환교회라는 목회 현장과 성도들 가운데서 선교의 길을 걸어왔습니다. 손창남 선교사는 때로는 친구 같았고, 때로는 저의 선교 멘토가 되어 선교적 목회의 길을 안내하며 맥을 짚어 주었습니다. 이렇듯 저는 선교 때문에 목회적 기름부음을 경험하며 여기까지 올 수 있었습니다.

2023년 1월에 있었던 법환교회 신년 선교 말씀 부흥회의 강사로 온 손창남 선교사를 통해 '풀뿌리 선교'에 대한 말씀을 듣게 되었습니다. 그 강의를 들으면서 그동안 가지고 있던 선교에 관한 여러 고민을 해결할 새로운 방법이 보이기 시작했습니다. 무엇보다 풀뿌리 선교가 이미 성경 안에 있었다는 것을 알게 되면서 새로운 깨달음과 은혜 가운데서 "아멘, 아멘!"을 외치며, '아, 한국 교회가 나아가야 할 선교의 방향이 여기에 있구나!'라고 깨닫기도 했습니다.

그 당시 귀로 들었던 풀뿌리 선교의 내용을 이렇게 책으로 접하게 되니 더욱 반갑고 감사합니다. 한국 교회가 이제 더 성숙한 선교로 나아가기를 간절히 바랍니다.

그동안 교회들이 고민하던 제도권 선교에 대한 진정한 대안이며, 성경적인 선교 모델인 '풀뿌리 선교'를 소개한 이 책이 선교적 교회를 꿈꾸는 모든 교회, 모든 목회자, 모든 성도의 손에 들려지고, 이 책의 내용이 실천되어 하나님의 거룩한 비전인 세계 선교를 함께 이루어 가기를 소원합니다.

_신관식(법환교회 담임 목사)

우리는 그동안 "약은 약사에게, 진료는 의사에게"라는 표어처럼 '선교는 선교사에게' 맡기고 부담 없이 살아왔습니다. 이 부담스러운 선교를 제도권의 파송 선교사들에게 위임해 버린 뒤 수수료(선교 헌금)만 내면서 부담을 덜곤 했습니다. 그런데 이 책이 나왔으니 이제는 어찌한단 말입니까!

손창남 선교사는 지난 2,000년의 기독교 역사 속에서 선교사만이 아니라 모든 성도가 참여하는 풀뿌리 선교에 의해서 복음이 전파되어 왔음을 성경, 역사, 그리고 최근 선교 상황을 통해서 명백히 밝히고 있습니다. 저자의 설명대로 풀뿌리 선교는 제도권 선교의 한계를 극복할 수 있는 대안이며, 시의적절하고, 지극히 성격적입니다. 그래서 이 책은 매우 설득력 있고 위험합니다! 가뜩이나 사회가 더욱 다문화가 되어 가는 상황에서 전염성 있는 그리스도인이 되어 교회와 함께 풀뿌리 선교에 참여하는 방법 외에 우리에게 다른 길이 있을까요? 풀뿌리 선교는 우리에게 낯선 것이 아닙니다. 곰곰이 생각해 보면 우리는 많은 경우, 주변의 풀뿌리 선교를 통해서 복음을 듣고 예수님을 믿어 왔습니다. 그렇다면 우리도 이미 알게 모르게 풀뿌리 선교에 참여해 왔을 수 있습니다.

이 책은 우리가 선교에 수동적으로 참여하는 것을 떠나 적극적이고 기쁜 마음으로 우리가 처한 상황에서 선교에 참여하도록 돕는 탁월한 안내서입니다. 주님은 이 책을 통해 제도권 선교사들의 영역에만 속해 있던 선교를 각각의 성도와 교회에 돌려주길 원하시는 것 같습니다.

가독성 좋은 이 책을 일독하면서 하나님이 우리에게 주신 선교의 공을 겸손히 받아들입시다. 그리고 그 특권을 다른 누구에게도 주지 맙시다. 지금은 선교사(Missionary)뿐 아니라 다양한 선교인(Missioner)의 참여가 절실한 시기입니다.

_최읍(선교한국 사무총장)

코로나 팬데믹 이후 세상은 뉴노멀(New normal, 새로운 표준)을 말하고, 실제로 세상이 바뀌었습니다. 이것은 선교에도 당연히 적용되어야 합니다. 해 아래 새것이 없는데, 우리가 그 진리를 자꾸 놓칩니다. 성경은 선교사에 의해 이루어지는 선교만을 말하고 있지 않습니다. 성경에서 말하는 선교는 하나님의 백성에 의한 선교입니다. 몇 년 전부터 이 문제를 집요하게 살피고 도전을 주었던 필자가 그 해법으로 '풀뿌리 선교'를 집중적으로 살핀 책이 드디어 나오게 되었습니다.

선교가 선교사의 독점물로 이해된 것은 서구 선교의 흐름 때문입니다. 서구의 식민지 확장과 더불어 일어난 크리스텐덤(Christendom) 시대의 선교는 누군가가 의도적으로 주도하고 조직하여 목표를 세우고 성취해야만 했습니다. 그래서 결국 선교가 선교사의 것으로 국한되고 대부분의 성도는 이를 보조하는 역할을 하는 형태로 발전해 왔습니다. 이런 개념은 강한 유교 문화를 배경으로 한 신분 위주의 한국 교회에 그대로 전달되었습니다. 저자의 놀라운 통찰력은 이런 형태의 선교만이 유일한 해답은 아니라는 것을 성경과 역사를 통해 재발견하고 우리에게 선교를 하나님의 모든 백성의 것으로 되돌려 주고 있습니다. 특히 이 책에서는 풀뿌리 선교에 대한 성경적, 역사적 고찰을 넘어 성도 모두가 이를 실천할 수 있는 구체적인 패러다임과 실례들을 소개합니다.

최근 한국 선교는 변곡점에 와 있습니다. 파송 선교사의 수가 줄고 있습니다. 이것은 교회가 침체되고 선교가 약화되면서 일어나는 현상입니다. 한국 교회의 선교는 그 정점을 경험했고 이제는 서서히 하강하고 있습니다. 파송 선교사의 수 측면에서 보면 그 말이 맞기도 합니다. 앞으로도 파송 선교사의 수가 늘지 않고 오히려 더 줄 수도 있습니다. 그러나 선교를 선교사들만의 것이 아니라 모든 그리스도인의 것으로 전환할 수 있다면 한국 선교의 정점은 미래에 올 수 있다는 소망을 품을 수 있습니다. 이 책이 그 길을 열어 갈 것입니다.

_한철호(미션파트너스 상임 대표)

들어가면서

선교사가 된 지 올해로 벌써 33년이 되었습니다. 지난 선교 사역을 돌아보면서 후회스러운 점이 한 가지 있습니다. 처음 선교지로 나갈 때만 해도 저 자신과 가족만 선교사로 헌신하여 선교지로 가는 것이 중요하다고 생각했지, 저를 파송한 교회의 성도들이 어떤 선교적 삶을 살아야 하는지에 대해서 알려 드리고 강조하는 것에 대해서는 깊이 생각해 보지 못한 것입니다. 그 당시에는 성도들이 저희 가족을 위해 기도해 주시고 후원해 주신다는 것만으로도 고마웠고 감격스러웠습니다. 저는 지금도 파송 교회인 송원교회 성도들이 저희 가족을 위해서, 그리고 사역을 위해서 열심히 기도해 주시고 후원해 주시는 것을 진심으로 고맙게 생각합니다.

하지만 만약 제가 33년 전으로 돌아가 무언가를 다시 시작할 수 있다면 저 개인의 선교적 헌신보다 제가 몸담고 있던 지역 교회 성도들이 선교적 삶에 눈뜨도록 돕고, 그분들이 어떤 형태로든 선교적 삶을 실천하도록 돕는 일에 더 많은 시간과 에너지를 할애하고 싶습니다. 이런 후회와 성찰이 이 책을 쓰게 된 동기입니다.

풀뿌리 선교를 처음 생각하게 된 것은 사도행전에 등장하는 흩어진 사람들을 묵상하면서부터였습니다. 사도행전 8장에는 스데반의 순교로 예루살렘에 큰 박해가 일어나고, 이를 피해 여러 지역으로 흩어져 간 사람들이 이름도, 빛도 없이 복음을 전한 결과 로마 제국의 많은 곳에서 예수를 따르는 사람들이 생기기 시작했다는 기록이 나옵니다. 이들은 사도행전 11장 19, 20절에 따르면 안디옥에 이르러서는 같은 문화와 종교적 배경을 가진 유대인뿐 아니라 헬라인에게도 그리스도를 전해서 많은 이방인이 주님에게 돌아오는 놀라운 선교 사역을 한 사람들로 기록되어 있습니다.

사도행전에 기록된 이 말씀을 묵상할수록 흩어진 사람들의 선교 사역이야말로 2,000년 전 로마 제국 안에서 가장 효과적인 선교를 가능하게 한 모델이었을 뿐 아니라 오늘날 선교적 상황에도 매우 적절한 모델이라는 생각이 듭니다. 우리가 사는 21세기는 서구 교회에서 파송한 선교사들이 전 세계에서 활동하던 100년 전과 완전히 다른 선교적 상황을 맞이하고 있습니다. 오늘날은 100년 전 유럽을 지배했던 기독교 국가의 개념이 사라졌습니다.

영국의 역사학자 니얼 퍼거슨은 「시빌라이제이션」(*The Civilization: the West and the Rest*, 21세기북스 역간)이라는 책에서 서구 문명은 오랫동안 제3세계, 그중에서도 중국이나 인도 같은 아시아의 고대 문명에 비해서 훨씬 뒤쳐져 있었다고 말합니다. 그러다가 500년 전부터 이런 상황이 역전되었다고 주장합니다. 그는 책에서 지난 500년 동안 서구 세계가 제3세계에 끼친 여섯 가지 영향을 언급하는데, 그 가운데 하나가 바로 서구 세계의 기독교를 제3세계에 전파했다는 것입니다. 물론 이 책의 독자들은 퍼거슨이 말하려는 것이 '선교'라고 이해하리라 생각합니다.

퍼거슨은 그의 책에서 '선교'라는 용어를 사용하지 않았지만 서구 나라들은 선교사들을 통해 그들이 지배하던 제3세계로 자신들의 종교를 퍼뜨린 것처럼 설명합니다. 퍼거슨의 주장에는 어느 정도 인정할 만한 부분이 있습니다. 100년 전 선교사들은 자신의 나라가 식민 지배를 하는 지역에 가서 자유롭게 선교 사역을 할 수 있었습니다. 하지만 지금은 그런 지역들이 현저히 줄었습니다. 아니, 어떤 면에서 이제는 서구가 식민 지배를 하는 곳이 지구상에 더 이상 존재하지 않는다고 말하는 것이 더 정확한 표현입니다.

동시에 이런 서구 선교의 영향으로 전 세계에는 교회와 기독교 신자가 많이 늘었습니다. 아프리카 사하라 이남에서는 기독교인의 수를 전 인구의 70퍼센트로 추산하고 있습니다. 반면 100년 전 아프리카 등에 복음을 전해 주었던 영국의 경우 실천적인 기독교인의 수를 인구의 10퍼센트 정도로 추산합니다. 이제 전 세계는 더 이상 기독교 국가와 비기독교 국가로 구분하는 것이 무의미해졌습니다. 지금은 기독교를 국교로 인정하기 전의 로마 제국 시대와 매우 비슷한 선교적 상황이라 해도 과언이 아닙니다.

저는 이미 전작(前作)인 「직업과 선교」, 「사도행전을 선교적으로 읽으면 두 모델이 보인다」(이상 죠이북스 펴냄)라는 책에서 풀뿌리 선교에 대해서 설명한 바 있습니다. 사도행전에는 두 가지 선교 모델이 등장하는데, 흩어진 사람들이 중심이 되어 이곳저곳을 떠돌아다니며 복음을 전한 '풀뿌리 선교 모델'과 바나바와 바울처럼 교회의 공식적인 파송을 받아 복음을 전한 '바-바 선교 모델', 즉 제도권 선교입니다.

처음에는 두 모델이 모두 중요하다고 생각했습니다. 하지만 시간이 지나면서 풀뿌리 선교가 이 시대에 얼마나 절실한 선교 모델인지에 대해 점점 확신하게 되었고, 설악 포럼에서 풀뿌리 선교에 대한 주제 발표를 하면서 주변 사람들에게 이 모델이 신선하며, 의미 있다는 이야기를 들었습니다. 풀뿌리 선교를 접한 주변 사람들은 풀뿌리 선교 모델이 널리 소개되어야 하고, 많은 사람이 실천하도록 도와야 한다는 제안을 해주셨습니다.

또한 근대 일본에서 일어난 풀뿌리 선교에 대해서도 알게 되면서 그동안 선교사 중심의 제도권 선교 모델에 가려져 빛을 보지 못하던 풀뿌리 선교에 대해서 사람들에게 알리는 것이 저의 책무라는 생각을 더욱 하게 되었습니다. 최근에 출간된 「바이끄 이야기」(하늘씨앗 펴냄)라는 책을 통해서 알게 된 양동철 형제를 포함한 주변의 많은 성도의 삶이 바로 풀뿌리 선교라는 사실을 깨달았고, 이런 이야기가 더 많이 조명되어야 한다는 결론에 이르게 되었습니다.

아무쪼록 이 책을 통해 모든 성도의 선교적 삶이 단순한 이론에 머무는 것이 아니라 실천되고 많은 열매로 이어지기를 간절히 바랍니다.

이 책 또한 많은 분의 관심과 사랑으로 출간되었음을 밝히고 싶습니다. 우선 바쁘신 중에도 부족한 원고를 읽고 추천의 글을 써 주신 미션파트너스의 한철호 선교사님, 선교한국의 최읍 선교사님, KWMA의 강대흥 선교사님, 한국 OMF의 공베드로 선교사님, 그리고 서귀포 법환교회의 신관식 목사님에게 감사드리고 싶습니다. 이 분들의 추천의 글로 인해 이 책의 가치가 더 높아졌다고 확신합니다.

제가 책을 낼 때마다 원고를 읽고 피드백을 주는 분들이 있습니다. 그분들의 피드백을 통해서 제가 미처 생각하지 못한 점들을 깨닫고 보완하게 되었습니다. 손경수·남은경 부부, 장미영 간사님, 양동철 형제님, 그리고 늘 옆에서 격려와 기도로 함께 사역하는 아내 안은숙 선교사에게 감사를 전합니다.

이곳에 일일이 이름을 열거하지 않았지만 풀뿌리 선교라는 개념을 생각하게 된 데는 설악 포럼과 텐트 메이커 포럼의 공헌도 컸다는 것을 밝히고 싶습니다. 또 주변에서 풀뿌리 선교 이야기를 듣고 이 시대에 꼭 필요한 선교라고 공감해 준 많은 분이 있습니다. 이분들 덕분에 이 책을 낼 수 있었다고 감히 말씀드리고 싶습니다.

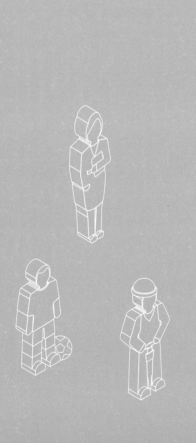

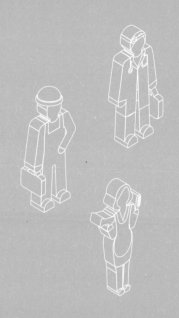

Chapter 1.
풀뿌리 선교란 무엇인가

1. 난타차이 목사 이야기

고등학교 3학년 2학기는 제 생애에서 결코 잊을 수 없는 시기입니다. 1973년 여름 방학 중 죠이선교회 목요 기도 모임에서 주님을 만나고 제 삶은 완전히 바뀌었습니다. 대학 입시를 준비해야 하는 시기였지만 주님을 만난 첫사랑의 흥분으로 성경을 읽고 묵상하고 공부하는 것을 결코 멈출 수 없었습니다. 특히 매주 토요일 오후에 홍성철 형제라는 분이 자신의 집에서 인도하는 요한일서 공부에 참석하면서 그야말로 '달고 오묘한 성경 말씀'을 맛보았습니다. (저를 포함한 다른 분들이 그분을 홍성철 형제라고 불렀기 때문에 여기에서도 이전에 부르던 대로 홍성철 형제라고 부르겠습니다. 홍성철 형제는 목사이자, 교수이며, 신학 박사입니다. 하지만 그 당시의 상황을 생생하게 이야기하기 위해서 홍성철 형제라고 부르는 것을 여러분이 이해해 주시기 바랍니다.)

홍성철 형제는 나중에 신학을 공부하고 목사 안수를 받았지만, 제게 성경을 가르쳐 주던 당시에는 죠이선교회에서 말씀을 전하는 평신도 사역자였습니다. 성경 공부를 하면서 홍성철 형제에게 들은 이야기 하나가 오랫동안 기억에 남아 있습니다. 제가 홍성철 형제에게 요한일서를 배우기 몇 년 전, 홍성철 형제는 서울에 있는 모 고등학교에서 몇 년 동안 영어를 가르친 후 뉴질랜드로 유학 가게 되었습니다. 홍성철 형제는 그곳에서 우본완이라는 태국인 여자 교수를 만나게 되었습니다. 그 교수는 독실한 불교 신자로서 홍성철 형제에게 불교에 대해 전하려고 노력했습니다. 홍성철 형제는 오히려 우본완 교수에게 그리스도를 증거했는데, 그 과정이 결코 쉽지 않았습니다. 하지만 홍성철 형제가 기도하며 포기하지 않고 우본완 교수에게 그리스도를 계속 증거한 결과 마침내 우본완 교수는 주님을 만나게 되었습니다. 그러고 나서 그분은 홍성철 형제에게 성경도 배우게 되었습니다.

우본완 교수의 이야기는 여기서 멈추지 않습니다. 우본완 교수에게는 난타차이라는 약혼자가 있었는데, 태국으로 돌아가 그에게 자기는 예수 그리스도를 믿기로 했고, 그리스도를 믿지 않는 사람과 결혼할 수 없다고 말했습니다. 난타차이는 우본완 교수의 변화에 큰 충격을 받았고, 자기 약혼녀를 그렇게 변화시킨 예수 그리스도가 누구인지 알아보기로 결심했습니다. 그러다 마침내 난타차이도 예수님을 믿게 되었고, 두 사람은 결혼하게 되었습니다.

저는 우본완 교수를 만난 적이 없습니다. 하지만 그분의 남편인 난타차이라는 형제는 직접 만나 본 적이 있습니다. 난타차이 형제는 제가 대학생일 때 성경 공부를 위해서 얼마 동안 한국에 와 있었습니다. 저는 이미 우본완 교수에 대해서 홍성철 형제에게 들은 적이 있기 때문에 난타차이라는 형제가 무척 궁금했습니다. 난타차이 형제는 태국 왕립 학교인 쫄라룽꼰 대학교를 졸업한 수재였습니다.

하지만 주님을 전심으로 섬기기 위해 다니던 회사를 사직하고 성경을 공부하게 되었습니다.

난타차이 형제가 한국에 와서 몇 달간 머물렀는데, 마침 그가 머물던 곳이 제가 살던 상도동이었습니다. 그래서 저는 여러 번 난타차이 형제를 만나 교제하며, 그에게 한국 체류와 관련된 도움을 주기도 했습니다.

지금도 기억나는 재밌는 이야기가 하나 있습니다. 그와 함께 점심 식사를 할 때였습니다. 난타차이 형제는 한국 음식이 입에 맞지 않아 주로 중식당에서 식사를 했는데, 그가 갑자기 '가스펠 라이스'(gospel rice)를 먹겠다고 했습니다. 처음에는 그게 무슨 음식인지 잘 이해하지 못했는데, 그것이 볶음밥이라는 것을 알고 한참을 웃은 적이 있습니다. 그가 한국에 온 지 얼마 되지 않았을 때, 누군가가 볶음밥을 '복음밥'이라고 가르쳐 준 모양입니다.

1970년대 중반에 난타차이 형제를 만난 이후 저는 그에 대해서 거의 잊고 살았습니다. 그러다가 난타차이 형제의 이름을 다시 들을 기회가 생겼습니다. 제가 한국 OMF 대표였을 때, 당시 태국 필드에 한국 OMF 선교사가 여러 명 있어서 태국을 방문할 기회가 있었습니다. 몇 명의 한국 선교사와 대화하는 중에 태국에서 가장 영향력 있는 복음주의 목사라며 한 선교사가 난타차이 목사에 대한 이야기를 들려주었습니다.

물론 그 자리에 있던 한국 선교사들은 제가 30년 전에 한국에서 난타차이 형제를 만났다는 사실을 전혀 모르고 있었습니다. 이런 상황에서 목사가 된 난타차이 형제가 태국에서 끼치는 영향에 대해 듣는 것은 저에게 얼마나 큰 감동이었는지 모릅니다. 뉴질랜드로 유학 간 한 영어 교사에서 시작된 복음의 사슬은 30년이 지난 후 그 누구도 상상하지 못한 방법으로 태국 전체에 영향을 끼치고 있었던 것입니다.

2. BL 이야기

홍성철 형제로부터 우본완 교수의 이야기를 들은 것이 1973년이었으니 이 글을 쓰는 시점으로부터 50년 전입니다. 하지만 풀뿌리 선교 이야기가 계속되고 있다는 것을 최근에 이상훈이라는 가장 친한 친구에게서 듣게 되었습니다. 그 친구는 1973년 저를 죠이선교회로 인도하고, 홍성철 형제 집에서 함께 성경 공부를 하던 가장 친한 친구 중 한 명입니다. 그는 최근 아시아 M국에서 온 BL이라는 학생에게 그리스도를 전했습니다.

BL의 이야기를 시작하려면 친구 이상훈의 이야기를 안 할 수가 없습니다. 이상훈은 저와 같은 고등학교를 졸업하고 저와 함께 고려대학교에 진학했습니다. 저는 대학에서 경영학을 공부했고 이상훈은 역사학을 공부했습니다. 그 후 이상훈은 장신대에 진학해서 신학을 공부하고 목사 안수를 받은 뒤, 미국에 가서 신학 박사 학위를 따고 돌아와 계명대학교에서 몇 년 간 신학을 가르쳤습니다. 그 이후 한국학중앙연구소에서 종교학 교수로 오랫동안 학생들을 가르치다가 최근에 은퇴했습니다. (이제부터 저는 친구 이상훈을 "이상훈 박사"라고 부르겠습니다.)

몇 주 전에 이상훈 박사가 동남아시아의 M국에 다녀왔다는 소식을 들었습니다. 그 당시에는 그가 왜 그곳에 갔다 왔는지 몰랐는데, 최근에 우연히 그곳에 다녀온 이야기를 듣고 놀라움을 금치 못했습니다. 그 이야기는 풀뿌리 선교에 대한 글을 쓰고 있던 저를 전율하게 만들었습니다. 그래서 여기에서 그 이야기를 조금 소개하고 싶습니다.

10년 전에 M국의 젊은 교수가 경제학을 공부하러 한국에 왔다고 합니다. 그분의 이름을 밝힐 수가 없어 영문 이니셜 BL이라고 하겠습니다. 이름과 국가명를 밝히지 못하는 이유는 그곳이 기독교인임을 밝히는 것에 대한 불이익이 많은 나라이기 때문입니다. 한때 그 나라는 성경을 소지하거나, 읽거나, 다른 사람에게 전해 주었다는 이유로 사람들을 감옥에 보내기도 했습니다. 따라서 이니셜을 사용하는 것에 대해 여러분이 이해해 주시리라 믿습니다.

당시 BL은 W대학교에서 경제학 석사 과정 중에 있었다고 합니다. 그때 그의 지도 교수는 훌륭한 그리스도인으로서 그에게 그리스도인의 좋은 면을 많이 보여 준 것 같습니다. 앞에서도 잠깐 말씀드린 것처럼 M국에는 교회도, 그리스도인도 많지 않은 상황이라 한국 유학 중에 만난 지도 교수를 통해 기독교에 대해 처음으로 호감을 가지게 된 것입니다.

W대학교에서 경제학 석사를 마친 BL은 한국학중앙연구소에서 박사 학위를 하게 되었습니다. 이상훈 박사와 BL은 같은 학교에 있었으나 서로 전공이 달라 가까이 지낼 기회가 없었을 것입니다. 그런데 BL이 한국의 템플 스테이와 M국의 템플 스테이를 비교하는 연구를 하면서 제 친구 이상훈 박사의 지도를 받게 되었습니다.

그것이 계기가 되어 BL은 한국학중앙연구소의 교수이면서 동시에 목사이기도 한 이상훈 박사에게서 훌륭한 그리스도인의 모습을 발견하게 되었고, 어느 날 이상훈 목사에게 하나님을 더 깊이 알고 싶다고 말했다고 합니다. 그래서 이상훈 목사는 BL에게 일대일로 성경을 가르쳐 주었고, BL은 이상훈 목사가 주말에 사역하는 교회에서 세례를 받았습니다.

M국에는 BL의 약혼자가 있었는데, BL은 결혼 후 남편에게 자기가 그리스도를 믿게 되었다는 사실을 이야기했고, 남편도 한국을 방문해서 이상훈 박사에게 성경을 배우며 그리스도에 대한 신앙을

갖게 되었다고 합니다.

지금 BL은 M국으로 돌아가 친환경관광학과 경제학을 가르치는 교수로 있다고 합니다. 그리고 M국에서 열기를 더해 가고 있는 한국에 대한 관심 때문에 한국을 소개하는 특강을 열었는데, 그 특강에 이상훈 박사를 초대했습니다. 이 때문에 최근 이상훈 박사가 M국을 방문하게 된 것입니다.

M국을 다녀와서 이상훈 박사는 제게 BL 교수가 대학교에서 열심히 학생들을 지도하고 있다는 소식과 함께 자신의 믿음을 조심스럽게 주변 사람들에게 전하려고 노력한다는 소식도 들려주었습니다. BL은 가족들에게도 그리스도를 증거하고 있으며 최근에는 쌍둥이 여동생도 주님을 믿게 되었다고 합니다.

3. 풀뿌리 선교의 다섯 가지 특징

제가 홍성철 형제에게 우본완 교수의 이야기를 들은 것은 하나님을 믿고 몇 달 되지 않은 시점이었지만 50년이 지난 지금도 그 이야기기 제 뇌리에 남아 있습니다. 그 당시 저는 선교라는 말도 몰랐고, 홍성철 형제도 그 이야기를 들려줄 때 자신이 선교를 했다고 말하지 않았습니다. 하지만 나중에 저는 우본완 교수의 이야기야말로 타문화에서 그리스도를 증거한 풀뿌리 선교의 훌륭한 사례라는 사실을 깨닫게 되었습니다.

그리고 최근 제 친구인 이상훈 박사에게 듣게 된 M국의 BL 교수의 이야기도 풀뿌리 선교의 좋은 사례라고 할 수 있습니다. 저는 우본완 교수에게 복음을 전한 홍성철 형제의 이야기와 BL에게 그리스도를 알려 준 이상훈 박사의 이야기에서 다음과 같은 풀뿌리 선교의 특징들을 발견할 수 있었습니다.

● 선교사라는 정체성을 갖지 않음

풀뿌리 선교에서 가장 중요한 것은 선교를 감당하는 사람이 선교사라는 정체성을 갖지 않는다는 것입니다. 홍성철 형제는 자신을 선교사라고 생각하지 않았습니다. (요즘은 '선교'나 '선교사'라는 용어를 사용하는 데 있어 무척 혼란스러운 면이 있지만) 홍성철 형제가 뉴질랜드에 갈 때 교회나 어떤 기관으로부터 선교사로 파송되는 것을 전제로 하지 않았습니다. 이상훈 박사의 경우도 마찬가지입니다. 이상훈 박사도 BL에게 성경을 가르쳐 주고 그리스도에 관해 이야기할 때 선교사라는 정체성으로 하지는 않았다고 생각합니다. 그런 면에서 저는 홍성철 형제와 이상훈 박사가 풀뿌리 선교의 좋은 모델이 된다고 확신합니다.

● 자발적으로 그리스도를 전함

두 번째로 중요한 풀뿌리 선교의 특징은 타문화에 복음을 전하는 일이 자발적으로 이루어져야 한다는 것입니다. 선교사로 파송된 사람이 선교하는 것은 선교사로서 당연한 책무이므로 자발적이라고 말할 수 없습니다. 하지만 풀뿌리 선교를 감당하는 사람은 선교사로서의 책무를 가지고 있지 않기 때문에 이들이 타문화 사역을 하는 것은 자발적이라고 할 수 있습니다.

홍성철 형제가 태국에서 온 불교 신자인 우본완 교수에게 그리스도를 전한 것은 적어도 선교사로서의 책무 때문이 아니었습니다. 그는 선교사라는 정체성 때문이 아니라 자발적으로 그리스도를 전한 것입니다. 이상훈 박사의 경우도 마찬가지입니다. 그는 기독교 신앙에 대해서 알고 싶어 하는 BL에게 교수로서 자발적으로 그리스도를 전한 것입니다.

● 자신이 처한 상황에서 지속적으로 만남

세 번째로 풀뿌리 선교의 매우 중요한 특징은 자신이 처한 상황에서 타문화 사역을 감당해야 한다는 것입니다. 여기에서 자신이 처한 상황이란 예를 들어 학생은 캠퍼스 안에서, 직장인은 직장 내에서, 주부는 이웃이나 자주 가는 가게에서 만나는 사람, 혹은 가족이나 친한 친구에게 복음을 전하는 것입니다. 즉 일상에서 자신과 관계를 맺고 수시로 만나는 사람들과 환경을 뜻합니다.

보통은 전도나 선교를 자신이 처한 상황을 떠나 전혀 알지 못하는 사람들에게 그리스도를 전하는 것으로 생각하는 경우가 많은데, 풀뿌리 선교는 자신이 처한 상황에서 그리스도를 증거하는 것을 말합니다. 홍성철 형제는 뉴질랜드에서 유학하는 동안 태국에서 온 우본완 교수에게 복음을 전했습니다. 이상훈 박사의 경우도 논문을 지도하는 학생에게 그리스도를 증거했습니다. 이처럼 자신의 상황에서 지속적인 만남을 유지하며 그리스도를 증거하는 것이 풀뿌리 선교에서 가장 중요합니다.

저는 최근 미국에 있는 한 교회가 동남아시아에 있는 한 국가에 정기적으로 성도들을 보내어 복음을 전했다는 이야기를 들었습니다. 그리고 매년 수백 명의 사람이 복음을 듣고 반응하고 있다는 소식을 듣고 무척 감사했습니다. 그 사역은 매우 귀한 사역이지만 그런 사역을 풀뿌리 사역이라고 하지는 않습니다.

● 사역적 전문성을 갖춤

풀뿌리 선교사라고 해서 사역적 전문성이 떨어진다고 생각해서는 안 됩니다. 이 부분에 대해서는 7장에서 더 자세히 다룰 것입니다. 홍성철 형제는 우본완이라는 태국의 불교 신자에게 복음을 전하는 과정에서 어려운 질문들과 도전들에 어떻게 대처할지를 알고 있었습니다. 그리고 복음을 전하면서 그녀가 그리스도를 믿도록 도왔을 뿐 아니라 몇 달이라는 시간 동안 믿음 안에서 자라도록 양육했습니다.

홍성철 형제는 선교사가 아니었지만 전문 사역자 못지않은 사역적 전문성을 갖추고 있었습니다. BL에게 복음을 전한 이상훈 박사의 경우도 마찬가지입니다. 그는 불신자에게 어떻게 복음을 전하고 그들을 양육해야 하는지 잘 알고 감당하는 목회자이기도 했습니다.

● 자신의 삶에서 진정성을 보임

복음을 전하는 사람들은 자신의 삶에서도 진정성을 보여야 합니다. 이것은 '자신이 처한 상황에서 지속적으로 만남'이라는 특징과 연결되기도 합니다. 「스크루테이프의 편지」(*The Screwtape Letters*, 홍성사 역간) 저자인 C. S. 루이스는 악마의 입을 통해 이렇게 말했습니다.

> 가장 좋은 방법은 매일 만나는 이웃들에게는 악의를 품게 하면서, 멀리 떨어져 있는 미지의 사람들에게는 선의를 갖게 하는 것이지. 그러면 악의는 완전히 실제적인 것이 되고, 선의는 주로 상상의 차원에 머무르게 되거든.

많은 사람이 멀리 가서 자신을 모르는 사람들에게는 담대하게 복음을 전합니다. 하지만 자신을 잘 아는 주변 사람들에게 인정받지 못한다면 우리가 전하는 복음의 진정성은 증명되기 어렵습니다. 우리가 전하려는 메시지보다 중요한 것은 전도자인 우리가 어떤 사람인가 하는 점입니다. 우리의 삶에서 진정성을 보여 주지 못한다면 우리가 전하는 복음은 울리는 꽹과리처럼 들릴 것입니다.

4. 왜 풀뿌리 선교인가

이쯤에서 풀뿌리 선교라는 용어에 대해서 조금 더 설명해야 할 것 같습니다. 제가 처음 풀뿌리 선교라는 용어를 생각하게 된 것은 이미 우리에게 익숙한 '풀뿌리 민주주의'라는 용어에서 영감받았습니다. 국립국어원의 '풀뿌리 민주주의' 정의를 보면, 간접 민주주의와 달리 시민 운동, 주민 운동 따위의 방식을 통하여 주민들이 정치 행위에 직접 참가하는 대중적 민주주의를 뜻합니다.

제도화된 민주주의란, 모든 국민이 직접 정치에 참여하지 않고 우리를 위해서 일해 줄 대표들을 세우는 정치 제도를 말합니다. 우리가 잘 알고 있는 것처럼 선거를 통해 행정부의 수반인 대통령을 선출하고, 입법 기관으로서 국회에서 의정 활동을 하는 의원들을 선출하고, 사법 제도로서 법원을 운영하는 것입니다. 하지만 이런 제도가 엘리트 정치인들에 의해서 악용되는 사례를 우리는 너무나 많이 보아 왔습니다. 이런 상황에서 일반 시민들이 엘리트 정치에 식상함을 느끼고 정형화되지 않은 형태로 자신들의 민의를 표출하는 것을 통상 풀뿌리 민주주의라 부릅니다.

언제부터인가 선교는 마치 선교사들의 전유물인 것처럼 인식되기 시작했습니다. 특히 15세기 이후 대양을 가로질러 유럽에서 아프리카와 아시아, 라틴 아메리카라고 하는 미지의 세계로 떠나는 선교의 양상은 일반 성도가 아니라 특별한 훈련이나 소명을 받은 사람들만 할 수 있는 것으로 이해되었습니다. 이런 것을 우리는 엘리트 선교라고 부릅니다. 마치 우리나라가 세계에서 양궁을 가장 잘하는 나라로 알려져 있지만 모든 국민이 양궁을 하는 것이 아니라 특별한 선수들만 하기에 양궁을 '엘리트 스포츠'라고 부르는 것과 비슷합니다.

하지만 이제 선교사를 파송해서 선교하는 선교적 상황은 많이 바뀌었습니다. 8장에서 더 깊이 다루겠지만 간단히 말하자면 현재 선교사 비자를 주는 나라는 매우 적습니다. 그래서 선교사들이 선교지로 진입하는 것은 늘 큰 도전이 됩니다. 선교사들이 내어 놓은 기도 제목 중 비자가 속히 나올 수 있게 해달라는 기도가 가장 많을 것입니다.

그런가 하면 일반 성도가 해외로 가는 일은 매우 많아졌습니다.

현재 해외에 거주하는 한국인의 수는 800만 명으로 추산됩니다. 해외에 있는 한인 교회의 수도 5,000곳이 넘는다고 합니다. 동시에 타문화 사람들이 우리 주변으로 오는 일도 많아졌습니다. 다시 말해 선교지라는 특정 지역에서만 선교가 이루어지는 것이 아니라 지구상의 모든 지역에서 선교가 이루어지는 상황이 된 것입니다.

이런 상황은 선교사들이 많이 활동하던 100년 전, 혹은 200년 전보다 처음 선교 사역이 시작된 초대 교회의 상황과 더 유사합니다. 당시 성도들은 로마 제국 안에서 자유롭게 이동할 수 있었으며 여러 민족에게 다가가고, 자기 옆으로 다가온 타민족에게 복음을 전할 수 있었습니다. 초대 교회 안에서 일어난 선교에 대해서는 다음 장에서 자세히 다루도록 하겠습니다.

이제 여러분은 풀뿌리 선교가 제도권 선교를 대표하는 선교사 중심의 엘리트 선교와 대응하는 개념이라는 것을 이해할 수 있을 것입니다. 하지만 최근 들어 선교가 또 다른 측면에서 문제를 일으키고 있음을 간과할 수 없습니다. 그것은 바로 지역 교회 중심의 선교입니다.

앞에서 이야기한 것처럼 200년 전 개신교 선교가 활발하던 대항해 시대 이후 선교사 중심의 엘리트 선교가 이루어졌다면 1970년대에 들어서면서 지역 교회가 해외 선교 사역을 감당하는 지역 교회 중심의 선교가 급속도로 일어나기 시작했습니다.

1970년대 이후 지역 교회 중심 선교가 일어나기 시작한 가장 중요한 요인은 선교지 접근이 용이해졌다는 것입니다. 대항해 시대에는 선교지로 가기 위해 배를 타야만 했고, 선교사들이 영국에서 중국으로 가는 데에만 4, 5개월이 걸렸습니다. 중국에 도착해서도 선교사들은 내지의 선교 현장으로 가기 위해서 다시 수개월을 여행해야 했습니다. 하지만 교통과 통신의 발달로 사람들은 대부분의 선교지에 하루 이틀 만에 도달할 수 있게 되었습니다.

지역 교회들은 최근의 이런 상황을 이용해서 단기 선교 여행을 가면서 이것을 선교로 인식하게 되었습니다. 심지어 대형 교회 목회자가 아니더라도 재정적으로나 시간적으로 여유 있는 목회자들은 선교지에 가서 집회를 인도하거나 교회 건물을 지어 주는 일을 하면서 선교하고 있다고 생각하게 되었고, 성도들도 이런 지역 교회의 선교적 활동을 보편적인 선교로 인식하기 시작했습니다. "우리 목사님은 선교를 많이 합니다" 혹은 "저는 작년에 선교를 갔습니다. 그리고 올해도 선교를 가려고 합니다"라는 말은 대부분 이런 의미를 갖습니다. 어떤 교회는 이렇게 선교지를 방문하는 사람들을 선교사라고 부르기도 합니다.

이런 지역 교회 중심 사역은 선교사 중심의 엘리트 사역에 비하면 일반 성도의 선교 참여에 기여하고 있지만, 자신이 처한 상황에서 자발적으로 일어나는 풀뿌리 선교의 입장에서 본다면 여전히 제도적 선교의 성격을 유지하고 있다고 보아야 하며, 이런 형태의 선교를 풀뿌리 선교라고 할 수는 없습니다. 다음 장부터 본격적으로 풀뿌리 선교가 무엇인지 설명하겠습니다.

Chapter Point

일반 성도가 해외로 가는 일이 많아진 지금, 선교사라는 정체성 없이 전 세계에 흩어져 선교를 감당하는 풀뿌리 선교가 더욱 중요해졌다.

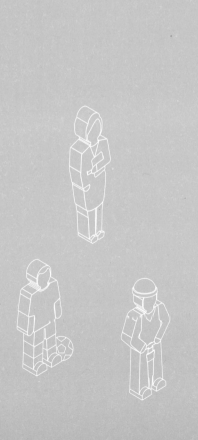

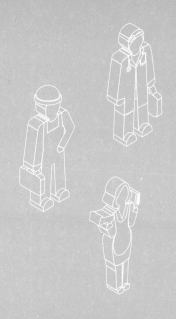

Chapter 2.

사도행전에 나타난 풀뿌리 선교

1. 흩어진 사람들

그동안 많은 사람이 선교의 모델을 사도행전 13장에 나오는, 안디
옥 교회에서 기도하고 바나바와 바울을 파송하는 데에서 찾았습니
다. 그래서 교회에서 선교사를 파송하는 예배를 드릴 때 가장 많이
인용하는 말씀이 바로 사도행전 13장 1-3절입니다.

> 안디옥 교회에 선지자들과 교사들이 있으니 곧 바나바와 니게
> 르라 하는 시므온과 구레네 사람 루기오와 분봉 왕 헤롯의 젖동
> 생 마나엔과 및 사울이라 주를 섬겨 금식할 때에 성령이 이르시되
> 내가 불러 시키는 일을 위하여 바나바와 사울을 따로 세우라 하시
> 니 이에 금식하며 기도하고 두 사람에게 안수하여 보내니라.

17세기 가톨릭교회의 선교부터 지난 2, 3세기 선교의 황금기에
이르기까지 서구 교회의 선교는 바울과 같은 사도형 선교를 모델로
진행되었습니다. 현재 한국 교회의 선교 모델도 지난 두 세기 동안
이루어 온 서구의 선교 모델을 따르고 있다고 보아야 합니다. 그리
고 30년 전부터 한국에 들어 온 국제단체들을 포함해서 그 후에 시
작된 한국 내의 자생 단체들도 결국 지난날 서구 교회와 선교 단체
늘이 해 온 사역을 답습하는 경우가 많습니다.

● 사도행전에 나타난 선교 모델의 재조명

사도행전을 자세히 살펴보면 실제로 타문화에서 복음을 전하는 선교는 사도행전 13장에서 안디옥 교회가 바나바와 사울을 파송하기 이전부터 이루어져 온 것을 알 수 있습니다. 사도행전 8장 초반에 스데반의 일로 생겨난 흩어진 사람들에 의해서 타문화에 복음이 증거된 것이 11장 19, 20절에 기록되어 있는데, 이를 통해서 이들이 타문화 사역을 감당했다는 것이 분명하게 드러납니다.

때에 스데반의 일로 일어난 환난으로 말미암아 흩어진 자들이 베니게와 구브로와 안디옥까지 이르러 유대인에게만 말씀을 전하는데 그중에 구브로와 구레네 몇 사람이 안디옥에 이르러 헬라인에게도 말하여 주 예수를 전파하니.

안디옥에 도착한 흩어진 사람들은 처음에 같은 문화권인 유대인들에게만 복음을 전하다가 후에는 헬라인들에게도 주 예수를 전했다고 나옵니다.

선교란, 타문화에 그리스도의 복음을 전하는 것입니다. 다시 말해 흩어진 사람들이야말로 안디옥에서 타문화 사역, 즉 선교를 한 사람들입니다. 따라서 사도행전 8장에서 스데반의 순교로 시작된 핍박을 피해서 사마리아와 안디옥으로 간 사람들에 대한 언급이 선교라는 차원에서 다시 조명될 필요가 있습니다.

사도행전 8장과 11장에 나타나는 이 사람들은 예루살렘으로부터 당하는 핍박을 피해 '흩어진 사람들'입니다. 모두가 예루살렘에서 있었던 스데반의 죽음을 계기로 여러 곳으로 흩어진 자들입니다. 모두가 같은 이유에서 나왔는지는 모르겠지만 같은 무리에서 나왔다는 것만은 부인할 수 없습니다. 그렇기 때문에 이들이 다른 문화권인 사람을 대상으로 복음 전한 것을 비교하는 것은 흥미롭습니다. 왜냐하면 단순히 대상만 변한 것이 아니라 그 대상에 따라 문화적으로 적절한 소통을 했기 때문입니다.

● 타문화에서의 적절한 소통

사도행전 8장 5절과 12절에서 흩어진 사람들 중 한 사람에 대한 이야기가 나오는데, 빌립이라는 사람이 사마리아에 가서 복음을 전한 이야기입니다. 빌립이 이미 메시아에 대한 개념을 가지고 있었던 사마리아 사람들에게 예수를 그리스도라고 전한 것은 문화적으로 매우 적절한 것이었습니다.

> 그 흩어진 사람들이 두루 다니며 복음의 말씀을 전할새 빌립이 사마리아 성에 내려가 그리스도를 백성에게 전파하니(행 8:4, 5).

빌립이 하나님 나라와 및 예수 그리스도의 이름에 관하여 전도함

을 그들이 믿고 남녀가 다 세례를 받으니(행 8:12).

유대인들은 사마리아 사람들을 천하게 여겨서 이방인처럼 취급했지만, 역사적 근원을 따져 보면 유대인들과 사마리아 사람들은 매우 가까웠습니다. 사마리아 사람들은 예전 북이스라엘 사람들이었습니다. 그들은 하나님에게 불순종한 결과 아시리아에 의해 정복당했습니다. 그렇지만 유대인들과 달리 많은 이스라엘 사람이 그지역에 남아 있었습니다. 문제는 아시리아가 혼혈 정책을 세우는 바람에 이스라엘 사람들과 외지인들의 피가 섞이면서 유대인들이사마리아인들을 무시하기 시작한 것입니다.

사마리아 사람들은 구약, 특히 모세오경을 믿었고 여호와 하나님에게 제물을 드렸습니다. 다만 그 장소가 약간 문제였습니다. 유대인들이 바벨론 포로에서 돌아온 후 예루살렘에 성전을 복원하고여호와께 제사를 지내기 시작하자 사마리아 사람들도 함께 가서 제사를 드리고 싶어 했습니다. 하지만 이미 서로에 대해서 좋지 않은감정의 골이 깊어진 상황이어서 유대인들이 이를 허락하지 않자 사마리아인들은 그리심산에 제단을 만들어 그곳에서 제사를 드렸습니다.

이런 상황이 요한복음 4장에 나오는 예수님과 사마리아 여인이

나누는 대화의 주제였습니다. 예수님이 우물가에 물 길러 온 사마리아 여자에게 물을 좀 달라고 하면서 시작된 대화는 점점 종교적인 대화로 이어집니다. 그러다가 그 여인이 다음과 같은 질문을 합니다.

> 여자가 이르되 메시아 곧 그리스도라 하는 이가 오실 줄을 내가 아노니 그가 오시면 모든 것을 우리에게 알려 주시리이다(요 4:25).

여기서 제가 여러분의 주의를 환기시켜 드리고 싶은 것은 이 여자가 사용한 "그리스도", "메시아"라는 종교적 용어입니다. 이 여자는 이미 다섯 번이나 결혼한 이력이 있고, 지금은 결혼하지 않은 채 한 남자와 살고 있습니다. 다섯 번 소박맞은 불행한 여인이라고 해야 할지, 다섯 명의 남편을 쫓아 낸 능력 있는 여자라고 해야 할지 모르겠지만 일반적인 여성의 삶이라고 말하기는 어려운 여인임이 틀림없습니다.

그것은 그 여인이 우물에 물 길러 온 시간이 사람들이 별로 오지 않는, 낮 12시라는 사실에서도 잘 드러납니다. 그런 여자의 입에서 "메시아가 오실 것을 알고 있습니다" 혹은 "그리스도가 오신 것을 알고 있습니다"라는 말이 나올 정도니 보통의 종교적인 사마리아인들에게 이 용어는 매우 익숙했을 것이라고 생각됩니다.

반면 사도행전 11장 20절은 안디옥의 헬라인에게 갔던 흩어진 사람들이 "주 예수"를 전파했다고 말하고 있습니다. 여러분에게는 "주 예수"라는 말이 매우 익숙한 말이라 큰 의미를 부여하지 않고 들릴 것입니다. 하지만 안디옥에 사는 헬라인들은 멀리 예루살렘에서 온 유대인들이 자신들에게 예수를 '주'라고 소개하는 일을 우리처럼 익숙하게 느끼지 않았을 것입니다.

여기서 '주'(χύριος, 퀴리오스)라는 말이 당시 헬라인들이 믿던 제우스, 헤르메스, 포세이돈, 아폴론과 같은 헬라의 신들에게 사용하던 호칭이라는 점을 고려할 때, 흩어진 사람들이 복음을 전파하는 대상에 따라서 문화적으로 익숙하고 적절한 사역을 했다는 것을 알 수 있습니다. 안디옥의 헬라인들은 유대인과 달리 할례받지도 않았고, 율법과 안식일을 지키지도 않았습니다. 그런 면에서 이 흩어진 사람들은 매우 타문화적인 사람들이며 이들이 타문화에 복음을 전하는 선교를 했다고 분명히 이야기할 수 있습니다.

2. 유대인 디아스포라 바나바와 사울

사도행전 11장에 등장하는 흩어진 사람들이 헬라인들에게 복음을 전했다는 사건과 관련해서 우리가 주목해야 할 흥미로운 사실은 이들이 안디옥에서 유대인뿐만 아니라 헬라인들에게도 복음을 전해 교회가 생겼다는 소식을 듣고 예루살렘 교회에서 바나바를 안디옥으로 파송했다는 것입니다.

> 예루살렘 교회가 이 사람들의 소문을 듣고 바나바를 안디옥까지 보내니 그가 이르러 하나님의 은혜를 보고 기뻐하여 모든 사람에게 굳건한 마음으로 주와 함께 머물러 있으라 권하니 바나바는 착한 사람이요 성령과 믿음이 충만한 사람이라 이에 큰 무리가 주께 더하여지더라(행 11:22-24).

여러분 가운데는 '바나바가 안디옥으로 파송된 것이 뭐가 특별하지?'라고 생각한 분이 계실 것입니다. 사도행전을 자세히 살펴보면 예루살렘 교회에서 바나바를 안디옥에 보냈다는 사실은 8장과 비교해 볼 때 매우 이례적이라고 할 수 있습니다.

사도행전 8장에는 흩어진 사람들이 사마리아에 가서 복음을 전하는 이야기가 나옵니다. 물론 여기에는 빌립이라는 사람의 이름이 등장하지만 빌립도 흩어진 사람들 가운데 한 명이기에 저는 빌립이 사마리아 성에 가서 복음을 전한 내용을 풀뿌리 선교 사역의 일부로 다루고 싶습니다. 중요한 것은 이렇게 빌립에 의해서 사마리아 사람들이 하나님의 말씀을 받았다는 소식을 들었을 때 예루살렘 교회에서 베드로와 요한을 보낸 것입니다.

예루살렘에 있는 사도들이 사마리아도 하나님의 말씀을 받았다 함을 듣고 베드로와 요한을 보내매(행 8:14).

예루살렘 교회에서 베드로와 요한을 파송한 것은 아마도 그들이 예루살렘 교회에서 가장 영향력 있는 지도자였기 때문일 것입니다. 사도행전을 보면 교회에서 중요한 일을 결정하거나 실행할 때 늘 베드로와 요한이 등장합니다. 사도행전 3장에서 성전 미문에 앉아 구걸하던, 걷지 못하는 사람을 고쳐 주는 기적에서도 베드로와 요한이 등장합니다.

그렇다면 안디옥에서 할례도 받지 않고 율법도 지키지 않는 헬라인들이 복음을 받았다는 소식을 들었을 때 더욱 베드로나 요한 같은 리더들을 안디옥으로 파송하는 것이 마땅하지 않을까요? 할례받지 않은 이방인들이 안디옥에서 하나님에게 돌아왔다는 소식은 유대인들 입장에서 본다면 사마리아 사람들이 하나님의 말씀을 받았다고 하는 것보다 훨씬 중요한 사건임이 틀림없을 것입니다.

하지만 예루살렘 교회는 베드로나 요한을 보내는 대신 바나바를 안디옥으로 보냈습니다. 왜 그런 결정을 했을까요? 사도행전 10

장과 11장 전반부를 보면 베드로와 같은 철저한 유대인들이 타문화 사역을 하기에 어떤 한계를 가지고 있었는지 확인할 수 있습니다. 가이사랴에 있던 고넬료라는 로마 백부장이 말씀을 듣기 위해 베드로를 초청하려고 했을 때 베드로는 이방인의 집에 들어갈 준비가 되어 있지 않았습니다.

하나님은 베드로가 이방인 고넬료의 집에 가도록 특단의 조치를 취하십니다. 베드로에게 유대인들은 전혀 먹지 못하는 동물을 세 번이나 보여 주시며 잡아먹으라고 말씀하십니다. 그때마다 베드로는 먹을 수 없다고 거절합니다.

심지어 하나님은 베드로에게 "내가 먹으라고 하는데, 네가 거절하는 것이냐"(행 10:15 참조)라고까지 하셨지만 유대교에 철저한 베드로는 계속 거절합니다. 이런 환상을 보고 베드로가 그 의미를 생각하고 있을 때, 고넬료가 보낸 사람들이 와서 베드로에게 함께 가자고 청합니다. 그때 베드로는 비로소 그 환상의 의미를 깨닫고 고넬료라는 이방인의 집에 들어가게 됩니다. 그러나 환상을 통해서 하나님의 뜻을 깨달은 후에도 베드로는 이방인 고넬료의 집에 가서 이렇게 말합니다.

더불어 말하며 들어가 여러 사람이 모인 것을 보고 이르되 유대인으로서 이방인과 교제하며 가까이 하는 것이 위법인 줄은 너희도

알거니와 하나님께서 내게 지시하사 아무도 속되다 하거나 깨끗

하지 않다 하지 말라 하시기로 부름을 사양하지 아니하고 왔노라

묻노니 무슨 일로 나를 불렀느냐(행 10:27-29).

베드로의 태도가 이 정도니 만약 그가 안디옥에 파송되어 갔다면 어떻게 행동했을까요? 그는 안디옥에 있는 유대 배경의 신자들을 만나면 안아 주고 반가워하겠지만, 만약 헬라 배경의 신자들을 만나면 "원래는 제가 당신들을 만나면 안 되는데, 이렇게 만나서 교제하게 되네요"라고 할 수도 있을 것입니다.

하지만 바나바는 베드로와는 출신 성분이 다른 사람입니다. 사도행전 4장 36절의 기록대로라면 구브로에서 태어난 유대인 디아스포라입니다. 유대인 디아스포라는 유대인이지만 이스라엘이 아닌 지역에서 태어나고 자란 사람들을 말합니다. 특히 바나바는 튀르키예 반도 남쪽에 있는 큰 섬, 구브로에서 태어났다고 하는데, 구브로는 현재도 일부가 그리스의 영토지만 사도행전이 기록되던 당시에는 헬라 문명의 중요한 장소 가운데 한 곳이었습니다. 그러니 그는 태어나면서부터 헬라어를 잘했을 것이며, 헬라 문화를 잘 알았을 것이고, 헬라인들과 어울리는 데 베드로보다 유리한 사람이었음이 틀림없었을 것입니다.

바나바가 예루살렘으로부터 파송받아 안디옥에 갔을 때 '하나

님의 은혜'를 보았다고 고백한 것은 전혀 놀라운 일이 아닙니다(행 11:23 참조). '은혜'라고 표현된 헬라어 원어는 '카리스'(χάρις)인데, 이 것은 다른 사람에게서 나오는 멋짐, 품위 등을 뜻하기도 합니다. 그 는 헬라인들을 다르게 바라볼 수 있는 선교사의 눈을 가지고 있었 습니다. 만약 베드로와 요한이 안디옥에 가서 예수를 믿겠다고 모 인 헬라인들을 보았더라면 그 보고가 달랐을지도 모릅니다.

더욱이 바나바가 안디옥에서 사역한 결과 성도가 늘었다고 말하 는데, 안디옥에 새로운 사역의 기회들이 생겼을 때 자신을 파송한 예루살렘 교회에 추가로 사역자를 보내 달라고 할 수도 있었을 것 입니다. 하지만 그는 오히려 튀르키예 반도 남쪽에 있는 길리기아 의 다소 출신, 즉 자신과 비슷한 유대인 디아스포라 사울을 데려다 가 안디옥에서 함께 사역하게 됩니다.

> 바나바가 사울을 찾으러 다소에 가서 만나매 안디옥에 데리고
> 와서 둘이 교회에 일 년간 모여 있어 큰 무리를 가르쳤고 제자들
> 이 안디옥에서 비로소 그리스도인이라 일컬음을 받게 되었더라
> (행 11:25, 26).

바나바는 왜 하필이면 사울을 안디옥에 데리고 와서 성도를 가 르치도록 했을까요? 물론 후에 사도 바울이 되어 교회들에 많은 영

향을 끼칠 사람이라는 것을 보고 그렇게 했을 수도 있습니다. 하지만 제가 가장 중요하게 보는 것은 사울도 바나바와 같은 유대인 디아스포라라는 점입니다. 사울은 길리기아의 수도인 다소에서 태어나고 자란 유대인 디아스포라였습니다. 그러니 그도 바나바처럼 안디옥에서 예수를 믿기로 한 헬라인 신자들을 위해서 사역하기에 매우 적절한 사람이라고 할 수 있습니다.

3. 풀뿌리 선교 모델과 바-바 선교 모델

흩어진 사람들의 사역과 바울과 바나바의 사역에 나타난 차이를 이해하기 위해서는 바울과 바나바가 안디옥 교회에서 한 사역을 자세히 살펴보아야 합니다. 바울과 바나바는 환상적인 팀으로 안디옥에서 성도들을 가르쳤습니다. 바나바는 레위 지파 출신이며, 사울은 베냐민 지파 출신이지만 예루살렘에 가서 가말리엘이라는 당대 최고의 율법학자에게 율법을 공부한 바 있습니다. 그러니 바울과 바나바는 흩어진 사람들과는 분명히 다른 타이틀을 가졌고, 다른 사역을 한 것이 분명합니다.

아마도 유대교 안에는 이런 형태의 사역을 하는 사람이 많았던 것 같습니다. 당시 회당에는 회당장이 있었지만 회당장의 역할은 지금 우리에게 익숙한 일, 즉 지역 교회 목사로서 설교하고 가르치는 일보다는 회당을 지키고 성도를 목회적으로 돌보는 일을 했으며, 성경을 가르치는 일은 순회 교사들 혹은 선지자들에 의해서 이루어졌습니다. 어떤 때는 이런 순회 교사들이 꽤나 먼 지역까지 말씀을 가르치러 간 경우도 있습니다. 그런 증거는 여러 곳에서 발견되는데, 가장 대표적인 것이 마태복음 23장에 등장합니다. 15절입니다.

> 화 있을진저 외식하는 서기관들과 바리새인들이여 너희는 교인 한 사람을 얻기 위하여 바다와 육지를 두루 다니다가 생기면 너희보다 배나 더 지옥 자식이 되게 하는도다.

이 말씀을 살펴보면 유대교 안에는 회당을 관리하고 유지하는 직책을 가진 사람들이 있는가 하면, 다른 곳에 가서 하나님의 말씀을 전하거나 가르치거나 혹은 개종자를 얻기 위해 노력하는, 오늘날로 말하면 선교사 같은 역할을 한 사람들이 있다는 의미입니다. 그런 면에서 바나바와 바울은 안디옥 교회에서 선교사와 같은 역할을 한 것으로 보입니다.

이런 선교를 위한 교회의 두 구조를 랄프 윈터 박사는 '소달리티'(Sodality)와 '모달리티'(Modality)로 설명합니다. 모달리티는 목양하는 사역 구조를 말하고, 소달리티는 모달리티를 떠나서 다른 곳으로 다니며 하나님 말씀을 증거하는 사역 구조를 말합니다.

이제 소달리티에 속한 두 사람의 역할이 더 극명하게 나타나는 장면이 등장합니다. 사도행전 13장에서는 안디옥 교회가 이들에게 새로운 지역으로 가서 사역을 부탁하게 됩니다. 그러므로 바나바와 바울이 안디옥 교회의 파송을 받은 것은 매우 특별하고 새로운 사역의 시작이라기보다는 이미 유대교 안에 있던 소달리티에 속한 사역이었다고 말하는 데에 여러분도 동의하실 것입니다.

> 안디옥 교회에 선지자들과 교사들이 있으니 곧 바나바와 니게르라 하는 시므온과 구레네 사람 루기오와 분봉 왕 헤롯의 젖동생 마나엔과 및 사울이라 주를 섬겨 금식할 때에 성령이 이르시되 내가 불러 시키는 일을 위하여 바나바와 사울을 따로 세우라 하시니 이에 금식하며 기도하고 두 사람에게 안수하여 보내니라(행 13:1-3).

바울과 바나바 팀은 그 사명을 수행하기 위해 구브로와 튀르키예 반도 남부에 해당하는 비시디아 지역을 다니며 복음을 전하게 됩니다. 이들이 가는 곳마다 유대인의 회당에 들어가 복음을 전하지만 유대인들은 복음에 대해 별로 반응하지 않는 반면, 회당 주변에 있던 하나님을 경외하는 헬라인들은 많이 호응하게 되는데, 이런 사역의 열매를 맺고 다시 안디옥으로 돌아옵니다. 그러고 나서 얼마 후, 다시 여러 지역을 다니며 복음을 전하는 사역을 합니다.

그렇다면 이처럼 바나바와 바울이 사역 전면에 등장해서 여러 곳을 다니며 하나님의 말씀을 전하고 있을 때 흩어진 사람들은 어떻게 되었을까요? 성경을 자세히 살펴보면 바나바와 바울과 같은 위대한 사역자들이 활동하던 시기에도 흩어진 사람들은 계속 두루 다니며 복음을 전했음을 알 수 있습니다. 그것은 사도행전 8장 4절에 잘 드러나 있습니다.

그 흩어진 사람들이 두루 다니며 복음의 말씀을 전할새.

실제로 흩어진 사람들에 의해서 이루어진 풀뿌리 사역은 사도 바울이 다니던 사역지보다 넓은 범위에서 이루어졌다고 보아야 합니다. 많은 사람이 사도 바울은 로마 전역을 다니며 복음을 전한 것처럼 생각하는데, 그렇지 않습니다.

55쪽 지도를 보면 알 수 있습니다. 흩어진 사람들이 사역한 지역과 바울, 바나바와 같은 선교 팀이 사역한 지역의 차이를 볼 수 있습니다. 네모 안에 있는 지역들이 사도 바울이 다니며 복음을 전한 곳인데, 수리아, 길리기아, 갈라디아, 소아시아, 마게도냐, 아가야 지역뿐입니다. 그 외의 지역에서 사도 바울이나 그 일행이 사역했

다는 증거가 성경에 없습니다.

나중에 사도 바울이 로마에 가게 되는데, 가이사의 법정에서 재판받기 위함입니다. 그 장면이 사도행전 28장에 기록되어 있습니다. 그런데 사도 바울이 로마에 도착한다는 소식이 전해지자 그곳에 있는 여러 성도가 사도 바울을 영접하기 위해서 나왔다고 했습니다. 그것은 사도 바울이 로마를 처음 방문하기 전에 이미 로마에 교회가 있었다는 이야기며, 벌써 예수 믿는 성도들이 있었다는 증거이기도 합니다.

그러면 사도 바울이 로마에 도착하기 전에 로마에 복음을 전한 사람들은 누구였을까요? 네, 바로 흩어진 사람들이었습니다. 이처럼 사도 바울이 사역하지 않았던 나머지 지역에 이미 복음이 광범

위하게 퍼져 있었습니다. 그리고 대부분의 지역에는 흩어진 사람들에 의해서 복음이 전해졌습니다.

따라서 우리는 이런 결론에 도달할 수 있습니다. 사도행전에는 이미 두 개의 선교 모델이 있습니다. 하나는 흩어진 사람들에 의해서 진행된 선교 모델이고, 또 하나는 바울과 바나바처럼 교회에서 특별한 사명을 부여받아 파송이라는 절차를 거쳐 공식적으로 복음을 전하러 다닌 사도들에 의해 이루어진 선교 모델입니다. 이 두 선교 모델의 차이를 조금 더 자세히 설명하겠습니다.

4. 두 모델의 비교

지금부터 두 모델을 비교하기 위해 흩어진 사람들에 의해서 이루어진 선교 모델을 '풀뿌리 선교 모델'이라고 하고, 바울과 바나바와 같은 사도들에 의해서 이루어진 선교 모델을 바나바와 바울의 이름을 따서 '바-바 선교 모델'이라고 부르겠습니다. 여러분은 이런 용어가 매우 생소하게 들리겠지만 두 모델의 차이를 57쪽 표로 설명해 보겠습니다.

	풀뿌리 선교	바바 선교
선교의 주체	모든 성도 (사도 이외)	사도들
선교의 목표	모든 사람	유대인과 이방인과 임금들
선교 사역의 지역	광범위한 지역	제한된 지역의 전략적 선택
선교 팀의 조직	자유로움	팀 형태
재정 후원	후원이 필요 없음	후원이 필요함
선교 사역의 성취	광범위한 지역에서 복음화를 이룸	특정한 목표의 성취
파송 교회	없음	안디옥 교회
선교 전략	자유로움	팀에서 세움
현지의 수용성	비교적 반발이 적음	반발이 많음

● 선교의 주체

우선 선교의 주체, 즉 선교를 감당한 사람들을 보면, 풀뿌리 선교는 특정한 사람들만이 아니라 당시 그리스도를 따르는 많은 사람이 감당한 것으로 보입니다. 사도행전 8장 1절은 "사도 외에는 모두 흩어졌다"고 기록하는데, 이것은 평범한 성도들이 흩어져서 복음을 전했다는 명백한 증거입니다.

반면 바-바 모델에서는 구브로에서 태어난 레위족 출신인 바나바처럼 타문화를 잘 이해하고 헬라어를 자연스럽게 구사하는 사람이 예루살렘 교회에서 안디옥 교회로 파송받았습니다.

바울의 경우도 크게 다르지 않습니다. 그는 튀르키예 반도 남부의 다소 지역에서 태어나 헬라 문화에 매우 익숙했고 예루살렘에 와서 가말리엘이라는 당대 최고의 율법학자 아래서 공부한 특별한 사람입니다.

● 사역의 목표

풀뿌리 선교 모델과 바-바 선교 모델은 목표도 다릅니다. 풀뿌리 선교를 하는 사람들은 자신들이 만나는 일반적인 사람들을 대상으로 복음을 전했을 것입니다. 앞에서 살펴본 풀뿌리 선교 모델의 특징 가운데 하나처럼 자신이 처한 상황에서 복음을 전하는 사람들이었습니다. 따라서 소박해 보이지만 가장 강력한 주변인들에게 복음을 전하는 것이 이들의 목표였을 것입니다.

한편 바-바 모델에서는 조금 더 전략적인 모습을 볼 수 있습니다. 특히 바울의 사역 목표는 매우 독특한데, 사도행전 9장에서 하나님이 아나니아를 통해 사울에게 들려주시는 이야기에 잘 나타납니다. 그 이야기에는 장차 사울이 복음을 전하게 될 세 무리에 대해서 언급되어 있습니다.

사도행전 9장 15절에서 언급된 세 무리 가운데 '이방인들'과 '이스라엘 자손들'은 이해되지만 중간에 끼어 있는 '임금들'이라는 무리는 조금 의외의 단어처럼 보입니다. 하지만 사도행전 22장 이후를 보면 이 말씀의 의미가 무엇인지 알게 됩니다. 사도행전 22장 이후 사도 바울은 결국 죄수의 몸으로 가이사의 법정에 서게 되고 로마까지 호송되어 가면서 아그립바 왕이나 벨릭스, 베스도라는 로마 총독 등을 만나 그들에게 그리스도에 대해서 변론하는 기회를 얻게 됩니다.

이와는 대조적으로 풀뿌리 선교를 감당한 사람들에게는 이런 기회가 주어지지는 않았습니다. 이들은 아마도 시장에서 만나는 일반인들에게 복음을 전했을 것입니다. 다시 말해 일상에서 만나는 사람들이 풀뿌리 선교 모델의 대상이었다는 뜻입니다.

● 선교 사역의 지역

두 모델은 복음을 전한 지역에서도 차이가 납니다. 흩어진 사람들은 로마 전역을 두루 다니며 복음을 전했습니다. 하지만 사도 바울이 간 지역은 모두 여섯 곳으로 제한됩니다. 먼저는 안디옥이 있던 수리아였습니다. 바울 자신의 고향이기도 한 길리기아, 그리고 처음 선교지인 갈라디아, 그 후에는 성령의 인도로 가게 된 마게도냐, 마게도냐 남쪽에 자리 잡은 고린도와 아덴이 있는 아가야, 그리고 나중에는 사도 바울의 사역 기간 중 가장 많은 시간을 보낸 에베소가 있는 소아시아(현재의 튀르키예 서쪽 지방을 말합니다)에서 사역한 것이 전부라고 할 수 있습니다.

● **선교 팀의 조직**

선교를 위한 팀을 조직한다는 측면에서 살펴볼 때 풀뿌리 선교는 특별한 팀을 조직하지는 않습니다. 기본적으로 풀뿌리 선교는 자발적으로 복음을 전하는 것이지 조직적으로 사역하는 것을 전제하지 않습니다. 그들이 있는 곳에서 복음을 전하다가 핍박을 받거나 생계나 사업적인 이유로 장소를 옮기면, 옮겨 간 그곳에서 또다시 복음을 전했습니다.

　하지만 사도 바울의 선교를 보면 선교 사역을 위해 한 팀으로 함께 사역한 사람들이 늘 있었습니다. 사도행전 13장에서 처음으로 안디옥 교회의 파송을 받고 떠날 때도 바나바와 요한이라는 마가가 동행합니다. 사도행전 15장 말미에 바나바와 바울이 서로 다투고 헤어져 따로 사역을 진행할 때도 바나바는 요한을 데리고 갔고, 바울은 실라를 데리고 갔습니다. 그 후에 바울은 디모데를 자신의 선교 팀에 합류시킵니다. 바울이 마게도냐를 떠나 아시아로 이동할 때 승선한 사람들의 목록이 사도행전 20장에 등장하는데 이것은 사도 바울이 늘 팀으로 사역했음을 의미합니다.

> 아시아까지 함께 가는 자는 베뢰아 사람 부로의 아들 소바더와 데살로니가 사람 아리스다고와 세군도와 더베 사람 가이오와 및 디모데와 아시아 사람 두기고와 드로비모라(행 20:4).

● 재정 후원

두 모델의 차이를 알아보는 데 있어서 가장 흥미로운 것은 두 모델의 재정에 관한 부분입니다. 풀뿌리 선교를 한 사람들은 재정을 스스로 충당했습니다. 그들은 교회의 후원을 기대하지 않았습니다. 글자 그대로 풀뿌리 선교는 자비량 선교의 전형이라고 볼 수 있습니다.

반면 바바 선교 모델은 후원에 의존하는 경우가 많았습니다. 사도 바울에 대한 오해 가운데 하나는 사도 바울이 텐트 메이커였다는 점에서 비롯된 것입니다. 저는 사도 바울이 텐트를 만드는 기술을 가지고 있었고, 가끔씩 자신이 가진 기술을 이용하여 사역에 필요한 비용을 충당하면서 선교를 감당했다는 데에는 동의합니다. 하지만 텐트 만드는 일을 사도 바울이 전업으로 했다는 의견에는 동의하지 않습니다. 사도 바울은 직업이 필요해질 때마다 얼마든지 텐트 만드는 기술을 전도에 활용하거나 재정을 충당하는 데 사용했을 테지만 말입니다.

어떤 사람들은 사도 바울이 자비량 선교사였다고 주장하면서 계속 텐트 만드는 일을 했다고 말합니다. 하지만 사도 바울이 텐트 만드는 일을 전업으로 했다는 증거는 없습니다. 성경을 보면 오히려 사도 바울은 교회들로부터 재정을 후원받았다는 증거가 많습니다. 고린도전서 9장, 고린도후서 12장, 그리고 빌립보서 4장에서 사도 바울은 공공연하게 재정 이야기를 하고 있습니다.

내가 주 안에서 크게 기뻐함은 너희가 나를 생각하던 것이 이제 다시 싹이 남이니 너희가 또한 이를 위하여 생각은 하였으나 기회가 없었느니라 내가 궁핍하므로 말하는 것이 아니니라 어떠한 형편에든지 나는 자족하기를 배웠노니 나는 비천에 처할 줄도 알고 풍부에 처할 줄도 알아 모든 일 곧 배부름과 배고픔과 풍부와 궁핍에도 처할 줄 아는 일체의 비결을 배웠노라 내게 능력 주시는 자 안에서 내가 모든 것을 할 수 있느니라 그러나 너희가 내 괴로움에 함께 참여하였으니 잘하였도다 빌립보 사람들아 너희도 알거니와 복음의 시초에 내가 마게도냐를 떠날 때에 주고받는 내 일에 참여한 교회가 너희 외에 아무도 없었느니라 데살로니가에 있을 때에도 너희

가 한 번뿐 아니라 두 번이나 나의 쓸 것을 보내었도다 내가 선물을

구함이 아니요 오직 너희에게 유익하도록 풍성한 열매를 구함이라

내게는 모든 것이 있고 또 풍부한지라 에바브로디도 편에 너희가

준 것을 받으므로 내가 풍족하니 이는 받으실 만한 향기로운 제물

이요 하나님을 기쁘시게 한 것이라(빌 4:10-18).

성경에 나오는 이런 표현들이 사도 바울이 계속 텐트만 만드는
자비량 선교사여서 교회나 성도로부터의 후원이 필요 없었다는 의
견에 대한 중요한 반증이라고 주장하고 싶습니다. 그는 사도로서
후원받으며 전적으로 사역에 전념했을 것이라고 보는 것이 더 합리
적이라 생각합니다. 하지만 사도행전 8장부터 나오는 흩어진 사람
들은 재정과 관련해서 전혀 다른 입장에 서 있었습니다. 이들은 누
구에게도 이런 재정적 요청을 하지 않았습니다.

참고로 흩어진 사람들이 이처럼 후원에 의존하지 않고 자신의
생업을 유지하며 선교 사역을 감당할 수 있었던 것은 유대인들의
전통에 기인한다고 봅니다. 유대인들은 고관대작의 자녀라 해도 적
어도 하나의 기술을 가지고 있었습니다. 성경에 등장하는 대부분의
인물도 특수한 경우를 제외하면 언제나 직업이 있었습니다. 심지어
예수님도 목수였고, 베드로는 어부, 마태는 세리였습니다.

● 선교 사역의 성취

초대 교회의 선교를 이야기할 때 바울과 바나바와 같은 사도형 선교에 대해서는 강조하면서도 풀뿌리 선교가 이뤄 낸 성취는 흔히 간과되는 경향이 있습니다. 하지만 흩어진 사람들은 바울과 바나바 못지않게 로마 제국 전역을 돌아다니며 복음을 전했습니다. 이를 뒷받침하는 가장 강력한 근거는 그 흩어진 사람들이 두루 다니며 복음을 전했다고 하는 사도행전 8장 4절의 말씀입니다. 그들은 이미 예루살렘에서 출발해서 유대 지역과 사마리아와 땅끝까지 갔다고 기록되어 있습니다(행 8:1 참조).

흩어진 사람들이 사도 바울이나 그 팀들이 사역한 지역보다 많은 지역에서 사역했다고 생각하는 또 다른 근거는 사도행전 11장 19, 20절에 등장하는 지명들 때문입니다. 여기에는 베니게와 구브로, 안디옥이 등장합니다. 특별히 주목하고 싶은 것은 구브로와 구레네에서 온 흩어진 사람들이 안디옥에 와서 헬라인들에게 복음을 전했다는 20절입니다. '구레네'는 아프리카 북단에 있는 리비아의 일부 지방을 지칭합니다. 그러니 이들이 얼마나 멀리 많은 곳을 다니며 선교 활동을 벌였는지 여러분도 짐작할 수 있을 것입니다.

또 한 가지 흥미로운 사실이 있습니다. 그것은 아굴라와 브리스길라 부부의 궤적입니다. 사도 바울이 고린도에 도착했을 때 그곳에서 아굴라와 브리스길라 부부를 만나 동역하게 되었다는 기록이

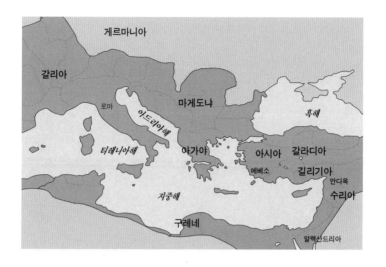

있습니다. 이들은 원래 로마에 살고 있었지만 로마 황제의 칙령으로 로마에서 쫓겨나 고린도로 오게 되었습니다. 이들은 이미 그리스도를 믿고 있었을 것이며, 그것은 이미 로마에 그리스도를 믿는 사람들이 있었다는 이야기입니다. 아마도 흩어진 사람들이 로마에 복음을 전했을 것입니다. 그렇다면 흩어진 사람들은 이미 많은 곳에서 복음을 전하며 다녔다고 보아야 합니다. 반면 바울의 사역은 앞에서도 언급한 것처럼 수리아, 길리기아, 갈라디아, 마게도냐, 아가야에 국한됩니다.

● 파송 교회

공식적으로 선교 사역을 하는 사역자들에게 교회로부터 받는 파송

절차는 매우 중요합니다. 흩어진 사람들의 경우 교회의 파송을 받았다는 이야기가 없습니다. 하지만 바울과 바나바의 경우는 교회에서 공식적으로 파송받은 절차를 명확하게 하고 있습니다. 사도행전 11장 22절에는 헬라인들이 하나님의 말씀을 믿게 되었다는 소식을 듣고 예루살렘 교회에서 바나바를 안디옥으로 보냈다고 나옵니다.

'보내다'에 해당하는 헬라어는 '아포스텔로'(ἀποστέλλω)라는 동사입니다. 이 단어에서 파생된 단어가 바로 '아포스톨로스'(Ἀπόστολος)입니다. 아포스톨로스는 한글 성경에 '사도'라고 번역되어 있습니다. 그런데 재미있는 것은 라틴어에서는 '보내다'라는 단어가 '미토'(mitto)라는 동사인데 여기에서 파생된, 보냄을 받은 사람이라는 단어는 '미시오'(missio)입니다. 이 미시오라는 단어를 17세기 유럽에서 라틴 아메리카로 파송된 가톨릭 사제들에게 사용했고, 이것이 영어에서 '미션'(mission), 그리고 그 미션을 담당하는 사람을 뜻하는 '미셔너리'(missionary)가 되었습니다.

파송이라는 단어가 중요한 이유는 세 가지인데, 첫째는 교회로부터 재정적 지원을 받기 위함이고, 둘째는 사도적 권위를 세우기 위함이고, 셋째는 자신의 사역을 보고하는 책무와 관련되기 때문입니다. 이처럼 오늘날 제도권 선교사들도 이 세 가지 이유로 파송받는 것에 의미를 둡니다.

● 선교 전략

흩어진 사람들에 의해서 이루어진 풀뿌리 선교의 경우에는 전략이라는 것이 그리 중요하지 않습니다. 그들은 자신이 처한 상황에서 언제나 복음을 전했기 때문입니다.

반면 바-바 모델처럼 팀으로 움직이는 선교에서 전략은 매우 중요합니다. 바울의 선교는 매우 전략적이었다는 것을 알 수 있습니다. 사도행전 15장 후반부에서 우리는 바울이 왜 다시 안디옥을 떠나 다른 지역에 가서 복음을 전하려고 했는지를 명백히 알 수 있습니다. 그것은 사도행전 13, 14장에서 진행된 선교 여행의 결과 믿음으로 돌아온 형제들을 다시 만나 그들의 믿음을 견고히 하려는 목적이었습니다.

따라서 사도 바울의 목표는 아시아, 즉 오늘날 튀르키예 반도에
서 복음을 전하는 것이었다고 할 수 있습니다. 그 지역에는 유대인
이 많았고, 유대 회당들도 있었습니다. 사도 바울은 늘 회당에 들어
가 먼저 유대인들에게 복음을 전하는 전략을 사용했습니다. 하지만
성령이 아시아에서 복음 전하는 것을 막으셨기 때문에 성령의 인도
를 따라 그리스로 건너가게 되었습니다.

그러나 사도 바울은 계속해서 소아시아의 심장인 에베소에서 복
음을 전하려는 계획을 버리지 않았습니다. 그리고 사도행전 19장의
기록에 따르면, 마침내 그의 사역 마지막 3년을 모두 에베소에서 보
내게 됩니다. 또한 사도 바울은 로마에 간 후, 로마를 거쳐 다시 스
페인(서바나)까지 가려는 계획과 전략을 세운 바 있습니다.

● 현지의 수용성

영어에는 '로우 키'(low key)와 '하이 키'(high key)라는 말이 있습니다.
피아노 연주를 생각해 보십시오. 피아노 건반에서 왼쪽으로 갈수
록 저음이 되고, 오른쪽으로 갈수록 고음이 됩니다. 고음으로 연주
하는 것을 '하이 키'라고 하고 저음으로 연주하는 것을 '로우 키'라고

합니다.

음악이 아닌 분야에서 '로우 키'는 드러나지 않게 무언가를 할 때 사용하고, 반대로 잘 드러나는 형태로 무언가를 할 때는 '하이 키'라고 합니다. 선교에서도 마찬가지입니다. 다른 사람 눈에 드러나지 않게 선교하는 것을 "로우 키로 선교한다"고 말하고, 드러내 놓고 선교하는 것을 "하이 키로 선교한다"고 말합니다.

풀뿌리 선교의 경우 자기 일상에서 선교가 이루어지기 때문에 사람들 눈에 잘 띄지 않습니다. 즉 로우 키로 선교하게 됩니다. 하지만 바-바 선교 모델은 사람들 눈에 잘 띄게 됩니다. 즉 하이 키로 선교하게 됩니다. 사도행전을 보면 사도 바울과 그 일행은 늘 사람들에게 주목받습니다. 소요 사태를 만나는 경우도 많습니다. 하지만 풀뿌리 선교를 하는 성도들은 바-바 선교 모델에 비하면 이런 어려움을 많이 경험하지 않습니다.

5. 계속되는 풀뿌리 선교

사도행전에는 풀뿌리 선교가 계속 진행되었다는 다수의 증거가 있습니다. 대표적인 것은 사도 바울이 고린도에서 만났던 아굴라와 브리스길라 부부의 경우입니다. 그 외의 사례들도 함께 살펴보도록 하겠습니다.

● 아굴라와 브리스길라의 사역

아굴라와 브리스길라의 이름이 처음으로 등장하는 곳은 사도행전 18장입니다. 이들은 원래 로마에 체류하고 있었는데, 글라우디오 황제가 로마에 있는 모든 유대인은 로마를 떠나라는 칙령을 내려서 할 수 없이 이 부부도 로마를 떠나 고린도로 가게 된 것입니다.

참고로 고린도는 그리스 도시였지만 주전 170년경에 완전히 파괴되었던 것을 율리우스 카이사르가 주전 44년에 전략적 가치를 인정하여 다시 건축한 도시입니다. 그 도시에 로마 제국 식민지의 노예들, 로마의 범죄자들, 하층민들을 데려다가 살게 하면서 매우 난잡한 도시가 되었습니다. 하지만 고린도는 에게해와 아드리아해를 연결하는 두 개의 항구를 가지고 있어 여타 도시와는 비교할 수 없는 풍요로움을 누리는 곳이었고, 무역이라는 측면에서 매우 중요한 지점에 위치했기에 아굴라와 브리스길라 부부가 이곳에 정착한 것으로 보입니다.

이 부부는 로마 교회에서 중요한 역할을 하는 지도자 위치에 있었지만 바울이나 바나바처럼 교회의 파송을 받아 사역하는 사역자는 아니었습니다. 즉 이 책에서 말하는 풀뿌리 선교에 해당하는 사역자들이라고 할 수 있습니다. 그렇다고 해서 그들의 사역적 전문성이 낮다고 할 수 없습니다. 바울을 따라 에베소에 가서 사역하는 동안 알렉산드리아 출신의 아볼로라는 사람을 훈련해서 고린도에 사역자로 보낼 정도로 사역적 전문성이 있었다고 할 수 있지요.

그들은 글라우디오 황제 때 로마를 떠나 고린도에서, 그 후에는 에베소에서 사역했습니다. 하지만 아굴라와 브리스길라 부부는 글라우디오 황제가 사망하고 그가 발표한 칙령이 무효화된 덕에 다시 로마로 돌아가 교회에서 중요한 리더 역할을 하게 됩니다. 이런 면에서 아굴라와 브리스길라 부부는 바-바 선교 모델이 아니라 풀뿌리 선교 모델이라 할 수 있습니다.

● 빌립의 사역

빌립은 예루살렘 교회에서 히브리파 유대인들과 헬라파 유대인들 사이에 갈등이 생겼을 때 헬라파 유대인의 리더로 선출되었습니다 (행 6:1-5 참조). 그가 교회의 새로운 일꾼으로 섬긴 지 얼마 되지 않아 함께 선출된 스데반이 순교당하는 일이 발생합니다. 그리고 그 일로 열두 사도를 제외한 대부분의 성도가 유대와 사마리아 모든 땅으로 흩어져 복음을 전하게 되는데, 그때 사마리아에 가서 부흥을 일으킨 사람이 바로 빌립입니다.

빌립은 사마리아의 부흥을 뒤로하고 성령에 이끌려서 가사로 내려갑니다. 그곳에서 성지 순례를 마치고 예루살렘에서 자기 고향

에티오피아로 가던 간다게 여왕의 내시에게 복음을 전하게 됩니다. 그 내시가 유대교로 개종한 사람인지 아니면 솔로몬 왕을 찾아 왔던 시바 여왕으로부터 시작된 믿음을 유지하고 있던 사람인지는 확실하지 않습니다. 하지만 분명한 것은 이사야 53장에 나오는 고난받는 종에 대해서 묵상하며 그 성경 구절의 참된 의미를 찾던 중이었다는 것입니다. 빌립은 그 내시에게 그 고난의 종이 예수 그리스도임을 알려 주고, 내시는 그 자리에서 세례를 받게 됩니다.

그 후로도 빌립은 가이사랴를 중심으로 계속 복음 전하는 일을 했던 것으로 보입니다. 교회가 빌립을 특별히 파송한 일은 기록되어 있지 않습니다. 하지만 그는 평생을 전도자로 살았으며, 그의 딸들도 귀한 사역을 감당한 것으로 보입니다(행 21:9 참조). 이런 면들을 고려할 때 저는 빌립의 선교 사역 역시 풀뿌리 선교의 모델이라 생각합니다.

● 에베소의 흔적들

사도행전에 나타나 있는 또 다른 풀뿌리 선교의 흔적은 에베소에서 행한 바울의 사역과 관련됩니다. 바울은 소아시아의 중심 도시인 에베소에서의 사역을 늘 꿈꿔 왔습니다.

사도행전 16장에서 마게도냐 사람이 바울을 부르는 환상을 보기 전에 바울은 아시아에서 복음을 전하기 원했습니다. 하지만 성령께서 막으셔서 아시아 대신 마게도냐와 아가야의 그리스 지역에서 먼저 사역하게 되었습니다.

성령이 아시아에서 말씀을 전하지 못하게 하시거늘 그들이 브루기아와 갈라디아 땅으로 다녀가(행 16:6).

여기서 말하는 아시아는 우리가 오늘날 일컫는 중국, 인도 등을 포함한 넓은 지역을 지칭하는 것이 아닙니다. 이 말씀에서 아시아는 튀르키예 반도 서쪽으로, 에게해에 가까운 지역을 말합니다. 하지만 성경에서 아시아가 튀르키예 지역을 가리킨다고 하더라도 경우에 따라서는 그 중심 도시인 에베소만을 지칭하기도 합니다. 예를 들어, 외국에서 "서울에 간다"는 의미로 가끔 "한국에 간다"고 말하는 경우와 비슷합니다. 그런 의미에서 본다면, 사도 바울은 에베소에서 사역하기를 간절히 원한 것 같습니다. 그리고 사도행전의 흐름을 보면 이러한 사실이 더욱 분명하게 드러납니다.

하지만 사도 바울은 성령의 인도를 따라 아시아에서 사역하기 전 다른 곳에서 먼저 사역하게 됩니다. 그리고 다른 지역에서의 사역을 마무리하고 거의 마지막으로 에베소에서 사역했는데, 그는 이곳에서 가장 오랫동안 사역을 했습니다.

사도 바울의 에베소 사역은 사도행전 19장에 자세히 기록되어

있습니다. 여기서 사도 바울이 에베소에서 했던 사역 모두를 소개
하려는 것은 아닙니다. 하지만 에베소에서 했던 사도 바울의 사역
가운데 풀뿌리 선교와 관련해서 중요한 의미를 갖는 단서를 소개하
고 싶습니다.

두 해 동안 이같이 하니 아시아에 사는 자는 유대인이나 헬라인이

나 다 주의 말씀을 듣더라(행 19:10).

사도 바울은 에베소에 머무는 동안 두란노 서원에서 제자들은
양성하는 데 주력했습니다. 그렇다면 어떻게 아시아에 사는 사람들

이 다 주의 말씀을 듣게 되었을까요? 우리는 그 단서를 골로새서에서 찾을 수 있습니다. 골로새는 에베소에서 동쪽으로 상당히 떨어진 곳에 있습니다. 그런데 그곳에 그리스도를 믿는 사람들이 생긴 것입니다. 골로새서는 그 단서를 이렇게 제공하고 있습니다.

이와 같이 우리와 함께 종 된 사랑하는 에바브라에게 너희가 배웠나니 그는 너희를 위한 그리스도의 신실한 일꾼이요 성령 안에서 너희 사랑을 우리에게 알린 자니라(골 1:7, 8).

골로새 성도들에게 쓴 편지를 보면 사도 바울은 분명히 골로새에 간 적이 없습니다. 하지만 사도 바울에게서 복음을 받아들인 에바브라라는 사람을 통해 복음이 골로새에 전달된 것이 분명합니다. 에바브라는 선교사로 교회의 파송을 받은 것 같지는 않습니다. 그는 사도 바울의 에베소 사역을 통해 그리스도를 알게 되었을 것입니다. 그리고 골로새에 복음을 전하였고, 사도 바울은 에바브라를 알게 된 골로새 성도들에게 그리스도 안에 강건하게 머물도록 서한을 보냈습니다.

그렇다면 이처럼 사도 바울에게 복음을 듣고, 자신의 고향이나 자기가 일하는 지역에서 복음을 전한 사람들이 간 곳이 골로새뿐이었을까요? 아마도 에베소를 중심으로 요한계시록에 등장하는 도시

들인 서머나, 버가모, 두아디라, 사데, 빌라델비아, 라오디게아 등에도 이런 방식으로 복음이 전해졌을 것입니다. 이것이 바로 풀뿌리 선교의 증거라고 할 수 있습니다. 풀뿌리 선교를 통해 당시 로마 제국 안에 복음은 요원의 불길처럼 퍼져 나간 것이 분명합니다.

Chapter Point

성경에는 바울과 바나바와 같은 사도들에 의해 이루어진 선교 외에도 흩어진 성도들에 의해 이루어진 풀뿌리 선교 모델이 분명히 존재한다.

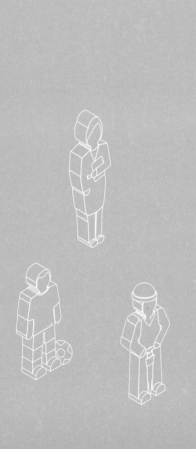

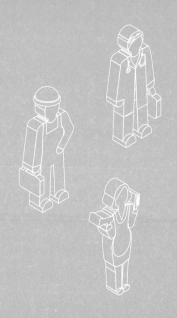

Chapter 3.

고대의 풀뿌리 선교

1. 선교라는 말이 등장하기 전의 선교

'선교'라는 말이 분명한 용어로 교회 안팎에 등장하기 시작한 것은 17세기에 이르러서입니다. 15세기와 16세기 대항해 시대에 스페인과 포르투갈은 아메리카 대륙에 있는 많은 영토를 차지하고 그 영토 안에 있는 모든 사람, 즉 현지에 이미 정착하고 있던 사람이든 새로 이주한 사람이든 모두 가톨릭 신자로 인정했습니다. 그것은 가톨릭 국가에서 당연하게 생길 수 있는 일이었습니다.

문제는 신대륙에 사는 사람들은 가톨릭 국가의 국민이기에 가톨릭 신자라고 불릴 수 있지만 이들의 삶은 가톨릭교회의 믿음이나 실천과는 거리가 멀었다는 것입니다. 그래서 스페인과 포르투갈의 가톨릭교회는 사제들 가운데 타문화 사역에 적합한 사람들을 중남미로 보냈습니다. 이렇게 파송된 가톨릭 사제들을 "미시오"라고 불렀는데, 앞서 설명했듯이 이 말은 '보내다'라는 의미의 라틴어 동사 '미토'에서 온 것이며, '미시오'라는 단어는 후에 영어의 '미션', 그리고 미션을 행하는 사람이라는 의미의 '미셔너리'의 어원이 되었습니다. 그리고 그 미션을 '선교', 미셔너리를 '선교사'라고 부르게 된 것입니다.

따라서 17세기 이전에 있었던 타문화 사역을 부정할 수는 없지만, 마치 1세기부터 선교가 있었고 선교사들이 활동했다고 말하는 것은 무리가 있습니다. 이런 관점에서 저는 사도행전에 나오는 사도 바울의 전도 여행을 1차 선교 여행, 2차 선교 여행, 3차 선교 여행으로 부르는 것을 썩 좋아하지 않습니다. 왜냐하면 사도 바울 때부터 선교가 있었던 것처럼 오해를 불러일으키기 때문입니다. 사도 바울의 사역은 비록 타문화 사역적 요소가 있기는 하지만 17세기 이후에 나타난 선교사들처럼 전혀 모르는 언어를 배운다든지, 성경을 번역한다든지 할 필요가 없었습니다. 오히려 저는 랄프 윈터 박사가 그의 글에서 로마 제국 안에서의 선교(타문화 사역)를 설명하면서 바울과 같은 형태의 사역보다는 "기독교 신앙이 '비자발적으로 나가는' 형태로 여러 지역에 전파되었다고 생각할 만한 충분한 이유가 있다. 그리스도인들은 종종 핍박을 피해 사방으로 흩어졌기 때문이다" 라고 한 말에 동의합니다.

또한 로마 제국에는 도로가 발달되었는데, 그 도로들은 일차적으로 군사적 목적으로 만들어졌지만 언제나 상인들도 활발하게 활용했습니다. 주로 상업이나 무역업에 종사했을 많은 그리스도인은 이런 도로를 백분 활용하고도 남았을 것입니다. 특별히 우리가 주목해야 할 것은 골(Gaul, 갈리아) 지방의 그리스도인들과 소아시아의 그리스도인들이 밀접하게 관계 맺고 있었을 것이라는 점입니다.

소아시아의 갈라디아 지방은 서부 유럽에서 이주해 온 켈트족(Celts)이 정착한 곳으로 '켈트'족이라는 명칭은 갈리아의 라틴어 '켈

타이'(Celtae)에서 유래했습니다. 켈트족은 갈라디아 지방에서도 원래 사용하던 켈트어와 로마 제국 안에서 통용되던 헬라어를 함께 사용했습니다. 이들의 믿음은 아주 빠른 속도로 소아시아의 갈라디아 지방에서 서유럽의 골 지역까지 전파되었을 것입니다. 그리고 이들은 영국의 켈트족들에게도 복음을 전했을 것으로 보입니다.

일찍이 신학자 프레드릭 브루스는 2세기 말 초대 영국 선교 사역에서 평신도의 활동에 대해 이렇게 말하고 있습니다.

영국에 기독교가 전파된 것은 평범한 사람들, 곧 골 지방에서 온 상인들에 의해서였다.

그렇습니다. 이들은 날마다 사업장을 통해서 만나는 사람들에게 그리스도를 전함으로 선교의 역사를 이룰 수 있었습니다. 바로 이런 모습이 풀뿌리 선교의 전형이라 할 수 있습니다.

● 민족 대이동

로마 제국 안에서 진행된 선교는 사도행전이나 사도 바울의 서신을 통해서도 확인할 수 있습니다. 하지만 그 기록들은 주후 70년 이전의 상황만을 전하고 있습니다. 그렇다면 그 이후 상황은 어떻게 알 수 있을까요? 쉽지 않은 과제이지만 저는 이 부분에 대해서 신뢰할 수 있는 랄프 윈터 박사의 글에 의존하는 것이 가장 안전하다고 생각되어 랄프 윈터 박사가 쓴 "하나님 나라가 반격을 가하다—구속사에 나타난 열 시대"라는 글을 참고하고 싶습니다. 참고로 랄프 윈터 박사의 이 글은 「퍼스펙티브스 1」(예수전도단 역간)이라는 책에 실려 있습니다.

책에 따르면 켈트족은 로마 제국 북쪽 변방에 폭넓게 분포하고 있었습니다. 게르만족이 대이동을 시작하기 전, 로마 국경에서는 켈트족과의 빈번한 교류가 있었습니다. 현재 프랑스에 해당하는 골 지방과 소아시아에 있던 그리스도인들도 밀접한 관계가 있으며 서신도 왕래하고 있었습니다.

켈트족들은 이처럼 로마 제국의 북쪽에 동서로 분포되어 있었으며 갈라디아서를 통해 복음은 켈트족 안에 널리 전파되어 있음을 알 수 있습니다. 켈트족은 게르만족인 앵글로-색슨족이 영국으로 쳐들어오기 전에 이미 영국에도 넓게 분포하고 있었습니다.

●비자발적으로 가기

앞에서 언급한 켈트족들이 로마 제국 안으로 들어온 이후 로마 제국은 기독교를 국교로 승인합니다. 주후 313년 콘스탄티누스 황제는 기독교를 로마 제국 내의 종교로 인정합니다. 하지만 그로부터 80년 후인 주후 392년 테오도시우스 황제는 기독교를 로마 제국 안에서 유일하게 공인된 종교로 인정합니다.

그렇다고 해서 기독교가 아무런 위협 없이 로마 제국 내에서 안전한 종교로 영구히 자리 잡은 것은 아닙니다. 외곽에서 로마 제국을 위협하는 새로운 민족이 등장하게 되는데, 이들이 바로 게르만족입니다.

게르만족은 지금의 스칸디나비아 반도 쪽에 살던 북방 민족으로, 살기 좋은 남쪽으로 내려오면서 로마 제국의 북쪽 변방에 자리 잡게 됩니다. 이들은 로마를 침략하기도 하고 로마와 타협하기도 하면서 안정적으로 지내다가 동쪽으로부터 세력을 확장한 훈족의 침입을 받게 되자 로마 제국 안으로 쳐들어오게 됩니다. 역사에서

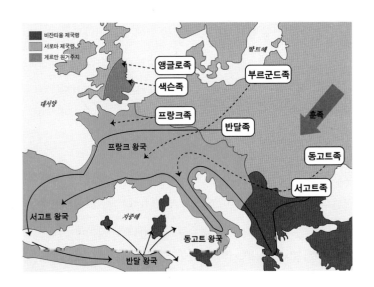

이것을 '게르만족의 대이동'이라고 부릅니다.

그런데 놀라운 것은 게르만족들 가운데 이미 많은 사람이 그리스도를 믿고 있었다는 점입니다. 이들 가운데 로마에 허드렛일을 하러 노예로 오는 경우도 있었고, 용병으로 일하기 위해서 오는 경우도 있었습니다. 족장의 자제들은 문명이 발달한 로마로 유학을 오는 경우도 있었습니다. 어떤 형태로든 이들은 이미 로마 제국 안에 만연한 기독교를 접했을 것이고 이를 통해 그리스도인이 되었을 것입니다.

한편 비자발적으로 야만족들에게 복음을 전하는 경우도 있었습니다. 다시 랄프 윈터 박사의 글을 살펴보겠습니다.

기독교 신앙이 '비자발적 형태'로 여러 지역에 전파되었다고 생각할 만한 충분한 이유가 있다. 그리스도인들은 종종 핍박 때문에 사방으로 흩어졌기 때문이다.

이 문장이 의미하는 바에 대해서 조금 더 첨언할 필요가 있습니다. 로마 제국 내에서는 끊임없이 기독교 박해가 자행되었습니다. 주후 313년 콘스탄티누스 대제가 기독교를 공인할 때까지 많은 황제는 기독교에 혹독한 핍박을 자행했습니다. 많은 기독교인 이 핍박을 피해 로마인들이 야만족이라고 불렀던 켈트족에게 가게 되었고, 자연스럽게 켈트족이 복음을 접하게 되었습니다.

2. 아시아 지역의 선교

풀뿌리 선교를 생각할 때 필자로서 제가 꼭 고려하고 싶은 부분이 있습니다. 선교라고 하면 대부분 로마 제국 안에서의 복음 전파만 생각하기 쉬운데, 우리의 눈을 다른 곳으로 돌려 생각할 필요가 있습니다. 그것은 바로 로마 제국 동쪽에 있는 아시아에서의 복음 전파에 관해서도 생각해야 하기 때문입니다.

어떤 사람들은 마치 복음이 예루살렘에서 시작해서 서쪽으로만 움직인 것으로 생각합니다. 특히 최근 극단주의적 선교를 지향하는 그룹들은 복음의 서진을 강조하며 마치 복음이 예루살렘에서 시작되어 계속 서쪽으로 진행하다가 유럽과 영국, 그리고 미국을 거쳐 한국, 중국, 중앙아시아를 거쳐 다시 예루살렘으로 들어간다는 '백 투 예루살렘 운동'(Back to Jerusalem Movement) 사상을 신봉하기도 하는데, 이런 태도는 선교의 역사를 제대로 보지 못하는 데서 비롯된 것입니다.

복음은 유럽에서 시작된 것이 아니라 아시아의 가장 서쪽에 위치한 팔레스타인 지역에서 시작되었습니다. 이런 지정학적인 면을 고려한다면 복음은 유럽으로 가는 것보다 동쪽에 있는 아시아로 가는 것이 쉽습니다. 제가 여기서 말하는 아시아는 사도행전에 나오는 튀르키예 지방의 아시아가 아니라 인도, 중국 등을 포함하는 아시아를 의미합니다. 제가 복음의 동진이 문화적으로나 언어적으로 서진보다 쉬웠다고 말씀드리는 근거는 예수님과 제자들이 사용했을 것으로 추정되는 아람어가 이미 그 당시 중근동 지역의 공용어로 사용되고 있었기 때문입니다.

복음의 확산을 가능하게 하는 도로 등의 사회 간접 자본은 로마 제국에만 존재하던 것이 아니었습니다. 로마 제국이 국가적 목적으로 도로를 건설하기 이전부터 이미 아시아에는 길이 많이 개발되어 있었습니다. 예루살렘 서쪽의 로마 제국 안에서 그리스도인들이 복음의 확산을 위해서 로마가 만들어 놓은 도로를 활용한 것처럼 아시아에도 오래전부터 교역을 위해 사용하던 실크로드가 있었습니

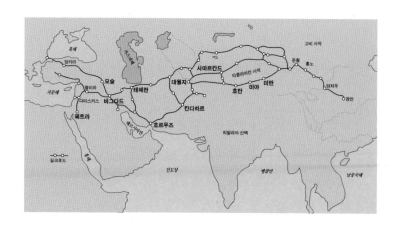

다. 상인들이 활용하던 실크로드로 그리스도인들은 열심히 타문화에 복음을 전했을 것으로 생각됩니다.

그렇다고 해서 아시아 지역에서 복음을 전하는 것이 쉬웠다고는 말할 수 없습니다. 아시아 지역에서의 복음 전파가 로마 제국 내에서 복음을 전하는 것이나 로마 제국 이후 유럽의 여러 지역에서 복음을 전하는 것에 비해 어려웠다고 생각하는 이유 가운데 하나는 아시아 지역에는 유럽에서 볼 수 없는, 이미 확고하게 완성된 여러 종교 시스템이 있었다는 점입니다. 예를 들어, 조로아스터교, 힌두교, 불교, 유교 등은 이미 수백 년, 수천 년 동안 동쪽의 아시아 지역에 자리 잡고 있어 복음의 확산을 어렵게 했습니다.

또 다른 이유는 기독교 안에서 이루어진 이단 논쟁이었습니다. 주후 300년에 있었던 아리우스파와 아나타시우스파의 논쟁에서 아나타시우스파는 아리우스파를 이단으로 정죄하고 교회에서 내쫓았습니다. 아리우스파는 그 후 동쪽으로 갔으며 네스토리우스파를 만들었습니다.

네스토리우스파에 속한 사람들은 열심히 복음을 전했는데, 그들 가운데 일부는 수도회를 만들어 7세기에 당나라까지 가서 복음을 전했으며, 상당한 성과를 거두었습니다. 당나라에는 '경교'라는 이름으로 기독교가 전파되었습니다. 네스토리우스파는 복음을 전하는 과정에서 지나친 상황화로 말미암아 결국 사라지고 말았다는 평가를 받기도 하지만 네스토리우스파에 속한 많은 성도가 동쪽 아시아에서 복음을 전한 것은 결코 과소평가될 수 없습니다.

3. 대항해 시대의 선교

'보보 이론'(Bo-Bo)이라는 용어가 있습니다. 영어로 'Blinked out', 'Blinked on'에서 나온 말로 전기가 나갔다가 얼마 후 다시 들어오는 것처럼, 기독교 선교가 사도 시대 이후 잠시 중단되었다가 이후 종교 개혁 시기에 재개되어 현재에 이르렀다고 생각하는 이론을 말합니다. 하지만 지난 2,000년의 기독교 역사를 보면 초대 교회부터 선교는 끊임없이 진행되어 왔음을 알 수 있습니다.

보보 이론이 틀렸다고 해도 2,000년의 시대를 보면 어떤 시기에는 선교가 활발했고, 어떤 시기에는 그렇지 못한 경우가 있었음을 부인할 수 없습니다.

●중세 시대의 선교

중세 시대에는 선교가 활발하지 못했던 것이 사실입니다. 중세 시대는 기본적으로 장원을 중심으로 하는 경제 체제였습니다. 상인들의 역할은 무척이나 축소되었습니다. 중세는 봉건 제도가 사회와 경제의 기반이었는데, 봉건 제도에서 대부분의 서민은 농노로 영주의 땅에 머물면서 영주나 귀족 혹은 기사의 땅을 경작해 주며 살아야 했습니다. 그들에게는 자유로운 이주가 허락되지 않았습니다. 이런 상황에서 풀뿌리 선교를 기대하기는 어렵습니다.

당시에는 근대적인 국가 개념이 없었지만 비교적 규모가 작은 왕국들이 있었습니다. 중세는 기본적으로 기독교 신앙을 전제로 한 사회였습니다. 그래서 이 왕국들은 거의 대부분 기독교 왕국이라고 불립니다. 중세의 왕국들이 기독교 왕국이라고는 하나 왕들이나 귀족들이 기독교적인 가치를 가지고 살았는지는 의문이 들 때가 많습니다.

중세 교회도 진정한 의미에서 기독교 가치를 실천한 하나님의 기관이었는지는 잘 모르겠습니다. 저는 개인적으로 가톨릭교회를 이단이라고 말하고 싶지는 않지만 중세에 존재하던 교회가 진정한 의미의 교회였는지는 잘 모르겠습니다. 중세 시대의 교회는 정치 권력 위에 군림하는 절대적인 권력을 갖게 되면서 점차 타락의 길로 가다가 급기야 15, 16세기에 이르러 종교 개혁이라는 큰 변화를 거치면서 조금 개선되는 정도였습니다.

이 시대에 지중해를 중심으로 서쪽과 남쪽은 이슬람교를 신봉하던 아바스 왕국이나 우마위야 왕국 같은 이슬람 세력이 꽉 막고 있었습니다. 이런 상황에서도 상인들은 여전히 활로를 찾아내려고 노력했습니다. 상인들은 종교적, 사회적 장벽을 뚫고 이슬람 상인들과 교류했습니다.

특히 실크로드를 통해 중국 물건들이 이슬람 제국으로 들어가고 이슬람 제국을 통해 동양의 물건들이 유럽으로 들어가기는 했지만, 종교적인 면에서 워낙 단단한 벽이 느껴지는 이슬람 지역으로 복음을 들고 간 사람은 아주 적었다고 할 수 있습니다.

● 십자군 전쟁

그러다가 이 벽을 더 두텁게 만드는 일이 발생하고 말았습니다. 12, 13세기에 일어난 십자군 전쟁으로 말미암아 기독교를 믿는 유럽의 국가들과 이슬람 세계는 더욱 멀어지게 되었습니다. 하지만 전쟁은 언제나 기대하지 않는 결과를 낳곤 합니다. 십자군 전쟁은 유럽과 사라센 제국 사이의 교역을 더욱 활발하게 만들어 주었고, 유럽 사람들에게 동양에 대한 호기심을 더욱 자극하는 기회가 되었습니다.

모험을 즐기는 상인들 가운데는 유럽의 동쪽 페르시아를 지나면 인도와 중국이라는 나라에 금과 비단과 도자기, 그리고 향신료 등이 엄청나게 많다는 소문을 듣고 직접 중국까지 가려고 시도한 사람들이 생기기 시작했습니다. 대표적인 사람이 우리가 잘 알고 있는 마르코 폴로입니다. 하지만 육로를 통해 동양으로 가는 길은 시간도 많이 걸리고 위험하기도 했습니다.

그러다가 전혀 기대하지 않은 곳에서 새로운 세상으로 가는 문이 열리게 되었습니다. 바로 대항해 시대라고 하는 새로운 시대의 도래였습니다. 유럽 사람들은 오랫동안 지구가 평평하다고 생각했기에 멀리까지 배를 타고 나가는 것은 불가능하다고 생각했습니다. 하지만 모험을 좋아하는 사람들 중에는 지구의 서쪽으로 계속 가면 동쪽의 중국이나 인도에 도달할 수 있다고 믿는 사람도 있었습니다. 물론 새로운 천문학 지식들이 이런 믿음의 배경이 되기도 했습니다. 그리고 콜럼버스나 마젤란 같은 모험가들이 이런 믿음이 실제임을 증명해 주었습니다.

●선교의 황금기

대항해 시대를 선도한 것은 스페인과 포르투갈 왕국이었습니다. 이 두 나라는 경쟁적으로 해외에서 영토를 넓혀 갔는데, 북미의 남서부와 중미, 그리고 남미 대륙이 두 나라의 각축장이었습니다. 지금도 남미에서 가장 큰 면적을 차지하는 브라질은 과거 포르투갈 왕국의 식민지였으며, 그 외 지역은 스페인 왕국의 식민지였습니다.

두 왕국은 가톨릭 국가여서 자기 영토에 있는 모든 사람은 가톨릭 신자라고 생각했습니다. 문제는 남미의 원주민들은 아직 가톨릭 신앙을 제대로 이해할 수 없었고, 사제가 있어야만 할 수 있는 미사, 고해 성사 같은 종교식 실천을 할 수 없었다는 것입니다. 그래서 두 왕국은 사제들을 이 지역으로 보냈습니다. 엄밀한 의미에서 이 사제들은 목양을 하는 일반 신부가 아니라 수도회 소속의 수도사였습니다. 당시 이미 예수회, 도미니크 수도회, 프란체스코 수도회 등의 수도사들은 자국 내에서도 복음 전파를 위해 순회하는 경우가 많았지만, 해외로 가기 위해서는 더 엄격한 선발 과정을 거치고 훈련을 받아야 했습니다.

앞에서도 설명한 바와 같이 이들은 라틴어로 '보내다'라는 동사 '미토'에서 파생된 '미시오'라고 불렸고, 그것이 각각 우리가 잘 아는 '선교'와 '선교사'의 어원이 되었습니다. 여러분 가운데는 1986년에 상영된 영화 〈미션〉(The Mission)을 기억하는 분들도 있을 것입니다. 그 영화의 내용이 지금 우리가 이야기하는 미시오를 정확하게 말해 준다고 생각합니다.

이런 '미시오'들은 엄밀하게 말하면 사도행전에 등장하는 바울과 바나바와는 무척 달랐습니다. 미시오들은 시간적으로 바울과 바나바보다 선교지에 오래 머물렀습니다. 바울의 경우 가장 오래 머문 곳이 에베소인데, 그곳에서 3년을 머물렀습니다. 그다음으로 오래 머물렀던 도시가 고린도였는데, 그곳에서도 2년이 채 되지 않는 기간 동안 사역했습니다. 다른 곳에서는 1년 미만, 혹은 몇 주 동안 사역을 하고 다른 곳으로 옮겨 다녔습니다. 하지만 미시오들은 대부분 한곳에 정착해서 그곳의 언어와 문화를 익히고 그곳 사람들과 함께 지내며 복음을 전했습니다.

대항해 시대에 위험을 무릅쓰고 처음 해외로 나간 사람들은 선교사가 아니라 상인들이었습니다. 콜럼버스가 멀리 항해를 하려고 했던 이유는 동양의 향신료와 황금을 가지고 오기 위함이었습니다. 선교사들은 이런 상인들의 배를 이용할 수밖에 없었습니다. 심지어 중국으로 간 선교사들 가운데는 안타깝게도 아편과 같은 수입 금지 물품을 싣고 가는 배에 승선하는 경우도 있었습니다. 상인들 이외에 멀리까지 항해하는 사람들 가운데는 군인이나 정부 관리들이 있었습니다. 그리고 간혹 학자나 탐험가들도 있었습니다.

대항해 시대에 가톨릭교회의 선교는 16세기부터 17세기까지 꽃 피우게 됩니다. 이들은 중국, 동남아시아, 인도까지 폭넓게 가톨릭 신앙을 전파하고 교회들을 세워 나갔습니다.

개신교 선교는 개신교 국가인 영국, 독일 등이 선교사를 파송하기 시작하는 18세기 말에 이르러서야 활발해지는데, 개신교 선교의 문을 연 사람으로 영국 침례교 출신인 윌리엄 캐리를 꼽습니다. 그 뒤를 이어 모리슨, 허드슨 테일러 등의 선교사들이 인도와 중국으로 수개월씩 항해하며 선교를 담당했습니다. 처음에는 해안에서만 선교하던 선교사들은 점차 내지로 들어가면서 선교의 황금기를 맞게 됩니다.

4. 선교의 황금기가 가져다준 영향

18세기 말은 개신교 선교의 황금기입니다. 이때부터 선교 단체들이 세워지기 시작했습니다. 윌리엄 캐리는 그가 쓴 논문 "이방인을 위하여 수단을 사용해야 할 그리스도인들의 의무에 관한 질문"에서 선교 단체의 역할이 중요하다는 것을 역설했습니다. 그리고 그 이후 허드슨 테일러가 중국 내지 선교회를 만들면서 수백 명의 선교사가 중국이라는 복음의 불모지로 들어가 복음을 한 번도 들어 본 적이 없는 사람들에게 그리스도를 증거할 수 있었습니다.

그러나 선교의 황금기에 진행된 선교는 부정적인 면도 많았습니다. 많은 선교사는 선교 기지(mission stataion)를 만들어 복음을 받아들인 사람들이 그들의 공동체에서 떨어져 나와 선교사들이 머물고 있는 선교 기지에서 함께 지내게 했습니다. 이렇게 함으로 선교사를 통해 복음을 받아들인 사람들은 마치 자기 민족이나 종족을 배신하는 사람처럼 이해되었고, 그 종족 안에 예수를 따르는 운동이 일어나는 일에 오히려 해가 되기도 했습니다.

더욱이 대부분의 선교사는 자국의 식민지로 가거나 이웃 나라의 식민지로 갔는데, 식민지를 경영하는 나라의 정부에서는 선교사들의 활동을 그리 달가워하지 않았습니다. 선교사들을 통해 복음을 받아들이고 종족의 종교를 배신한 사람들이 생기면서 사회적으로 소요 사태가 일어나게 되자 이를 극도로 싫어했습니다. 그래서 자국에서 파송한 선교사들이나 이웃 나라에서 파송되어 간 선교사의 활동이 제한되었습니다.

또 다른 문제는 현지에 있는 상인들이 그리스도인이라는 정체성을 가지고 있으면서도 선교는 선교사들이 하는 일이라고 여기면서, 현지 선교에 그리 큰 관심을 보이지 않았다는 점입니다. 따라서 선교지에는 마치 선교만 전문으로 하는 선교사와 상업이나 무역에만 전념하는 그리스도인이 서로의 영역을 침범하지 않으며 존재하는 형태가 지속되었습니다.

실제로 선교사들 가운데는 현지인들과 동일시하려는 노력을 하지 않고 자신들의 문화를 우월하게 생각하고 현지 문화를 말살하는 데 앞장 선 사람들이 있었습니다. 대표적인 예가 잉카 문화의 잔재를 앞장서서 없애 버린 선교사들입니다. 그들은 현지 문화를 모두 악마적인 것으로 보고 이와 관련된 모든 문화적 요소를 제거하려고 했습니다.

가장 큰 문제는 교회들이 선교는 선교사들만의 것처럼 인식하게 되었다는 점입니다. 앞에서 살펴본 것처럼 초대 교회뿐만 아니라 고대와 중세에도 여전히 풀뿌리 선교가 진행되어 오고 있었습니다. 하지만 선교사라는 타이틀을 가진 사람들만이 선교를 담당하는 사람들이며, 선교지에 와 있는 일반 성도는 선교와 무관한 사람들로 생각하는 선교의 이원론이 만연해졌습니다.

하지만 2차 세계 대전이 끝나고 많은 나라에서 선교에 대한 나쁜 여론들이 일어나면서 전통적인 의미의 선교는 큰 어려움에 봉착하게 되었습니다. 이런 분위기가 만연한 지역의 선교사들은 결국 선교지를 떠나야만 했습니다.

선교의 황금기 이전에는 공식적으로 선교하는 제도권 선교사와 함께 제도권 밖에서 복음을 전했던 풀뿌리 선교가 왕성했습니다. 하지만 선교사 중심의 선교가 꽃을 피운 19세기와 20세기 초반에는 풀뿌리 선교가 힘을 잃고 유명무실해졌습니다. 그러다가 새로운 텐트 메이킹 선교사들이 등장하면서 풀뿌리 선교는 다시 조명받게 되었습니다.

5. 모라비아 교도들의 선교

풀뿌리 선교는 모라비아 교도들이 행한 해외 선교에 잘 나타나 있습니다. 18세기 말 위대한 선교 시대가 도래하기 전 모라비아 교도들은 여러 나라로 나가서 복음을 전파했습니다. 모라비아 교도들이 행한 선교는 18세기 말부터 등장한 개신교 선교의 일반적인 모델과는 전혀 다릅니다.

모라비아 교회는 선교사들을 재정적으로 지원하는 형태로 파송한다면 세계 선교를 이룰 수 없을 것이라고 판단하여 의도적으로 직업을 가지고 생계 문제를 해결해 가면서 선교 사역을 감당하는 모델을 개발하고 이를 실천해 나갔습니다.

'모라비안'(Moravian)이라는 말은 모라비아라고 불리는 지방 사람들을 일컫는 말입니다. 모라비아는 현재 체코의 일부인데, 동·서쪽은 슬로바키아와 보헤미아, 북쪽은 폴란드의 실레지아, 남쪽은 오스트리아와 접해 있습니다. 모라비아가 유명해진 것은 그곳의 많은 그리스도인이 15세기 초 체코 지방을 중심으로 일어난 얀 후스의 종교 개혁을 지지하다가 핍박당할 때 진젠도르프 백작이 만든 헤른후트라는 공동체에 모여 새로운 신앙 공동체를 형성하면서부터였

습니다.

헤른후트를 시작한 진젠도르프 백작은 어린 나이에 부모를 여의고 신앙심 깊은 할머니에게 양육받으며 하나님 말씀과 하나님 앞에서 경건하게 살아가는 기초를 배웠습니다. 진젠도르프는 여러 외국어에 능통했으며, 외적인 타이틀뿐만 아니라 내적인 실력도 갖추어 사람들에게 존경받은 백작이었습니다. 그는 자신의 재산과 지위를 모두 버리고 주님만 섬기기로 결심했습니다.

그가 특별히 해외 선교에 관심을 가지게 된 계기가 있습니다. 진젠도르프가 코펜하겐 왕실 대관식에 참석했을 때 그곳에 온 노예들을 만나게 되었습니다. 그는 노예들의 비참한 삶에 대해 들으며 어떻게 한 인생이 세상에 태어나서 저렇게 비참하게 살아가는지 안타까운 마음이 타오르기 시작했습니다. 그래서 노예들을 자신의 교회로 초청하고 그들의 생활을 교인들에게 들려주었습니다.

진젠도르프는 노예들을 위한 선교사로 삶을 바치기 원하는 교인들을 초청하였는데 그 자리에서 26명이 그들의 삶을 노예들을 위한 선교의 삶에 바치겠다고 결단하였습니다. 그 후 교회는 1733년에 처음으로 그린란드에 선교사를 파송했습니다. 이때 모라비아 교도들 가운데 특별히 배움 없는 사람들이 파송받았습니다. 모라비아 교도들이 전한 복음 때문에 에스키모인들이 마음을 열고 예수 그리스도를 영접하기 시작했습니다.

1733년에서 1760년 사이에 무려 226명의 모라비안 선교사가 10여 개국으로 파송되었습니다. 모라비안 선교사들은 세인트크로이 섬, 수리남, 남아프리카, 북미, 자메이카, 엔티가 섬 등으로 파송되어 나갔습니다. 그들은 에스키모인들과 교역하며 남은 이익으로 선교 사역을 하기도 했습니다. 이들은 자신들의 직업을 통해서 직접 선교비를 조달했으며, 선교지 사람들과 동일하게 살았습니다. 그들은 핍박을 받아 생명의 위협을 느끼기 전까지 절대로 선교지를 떠나지 않은 것으로도 유명합니다.

Chapter Point

대항해 시대가 되면서 선교사 중심의 선교가 활발히 일어났지만, 그 이전에는 선교사라는 직함 없이 흩어져 간 성도들에 의한 풀뿌리 선교가 계속 되었다. 그런 풀뿌리 선교는 모라비아 교도들이 행한 해외 선교에 잘 나타닌다.

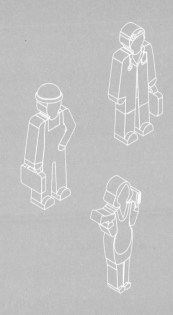

Chapter 4.
근·현대에 등장하는 풀뿌리 선교의 열매

1. 구마모토 밴드와 삿포로 밴드

19세기 후반 일본에서도 풀뿌리 선교가 일어났습니다. 그것을 설명하기에 앞서 일본의 근대화에 대해서 미리 설명하는 것이 좋을 것이라 생각합니다.

●일본의 근대화

많은 사람은 일본의 근대화가 1868년에 있었던 메이지 유신부터라고 생각하지만, 엄밀한 의미에서 일본 근대화는 그 전부터 시작되었다고 할 수 있습니다. 16세기부터 이미 일본에서 활동하던 네덜란드 선교사에 의해 '난학'(蘭學)이 활발하게 진행되었습니다.

난학이란, 네덜란드를 의미하는 화란에서 온 학문이라는 의미로 의학과 과학, 그리고 기술 서적을 일본어로 번역하면서 이 지식을 열심히 연구하는 학문을 말합니다. 이때 일본은 이미 우리가 현재 사용하는 과학, 의학, 수학, 기술 분야의 많은 용어를 한문식으로 정리했습니다.

하지만 난학은 어디까지나 학문 분야에서 일어난 개방으로 일본 정치나 사회 전반에는 아직 큰 영향을 끼치지 못하고 있었습니다. 그런데 쇼군이 실질적인 권력을 행사하던 에도를 중심으로 한 막부의 권력과 신종 사무라이 세력들 사이의 알력 다툼이 계속 진행되던 중, 몇 명의 사무라이가 실권이 없던 천황을 앞세워 쇼군으로부터 통치권을 이양하려는 상황이 벌어졌습니다. 이런 상황에서 1854년, 일본 바다에 나타난 미국 함대의 무력시위는 일본으로 하여금 새로운 세력에 눈뜨는 계기를 만들었습니다. 이로써 쇼군이 실권을 잃고 천황을 등에 업은 신흥 사무라이 세력이 득세하게 됩니다.

일본은 19세기 초까지 가장 폐쇄된 나라였다고 할 수 있습니다. 바다에 떠 있는 열도이기 때문에 바다가 자신들을 지켜 줄 것이라고 확신했습니다. 이것은 고려와 몽골의 연합군이 대군을 이끌고 일본을 공격하려다가 바다에 가로막혀 실패한 사례들에서 확연하게 드러납니다. 하지만 서양의 배들이 넓은 바다를 지나 자신들 앞까지 도달하는 것을 보고 일본인들은 바다가 더 이상 자신들의 보호막이 아니라 오히려 서구 열강에 열려 있는 대문이라는 사실을 깨닫게 됩니다.

일본이 서양의 군사력에 대해서 두려움을 느끼게 된 것은 네덜란드 사람들을 통해 듣게 된 아편 전쟁에 관한 소식 때문이었습니다. 일본 입장에서도 중국은 대국으로 엄청난 힘을 가진 나라였습니다. 하지만 중국이 영국에게 속절없이 당했다는 소식을 접하면서 일본은 언제까지나 나라의 문을 닫아 걸고 있을 수만은 없다는 의식이 팽배해졌습니다.

그리하여 일본은 1854년 미일 화친 조약을 체결하고 1858년에는 미일 수호 통상 조약을 체결하면서 미국에 대해 문호를 개방했습니다. 이후 미국은 군인과 관리들의 신앙을 지도한다는 목적으로 일본에 선교사를 보냈습니다. 1859년 북장로교의 의료 선교사 햅번을 비롯해서, 미국 성공회의 윌리암스, 미국 개혁주의 교회의 브라운, 벌벡크 등이 차례로 일본에 들어갔습니다. 하지만 기독교 포교를 원치 않았던 일본 정부에 의해서 선교사들의 역할은 많은 제약을 받게 됩니다.

일본은 미국을 포함해서 여러 서양 국가와 외교 통상 조약을 체결하게 되는데, 일본의 모든 사람이 개국을 환영한 것은 아닙니다. 당시 일본에는 천황이 있었지만 다이묘들에 의해 통치되는 봉건 사회였으며, 다이묘들 아래에 있는 사무라이라는 기사 계급이 정치와 사회를 장악하고 있었습니다.

이들 가운데는 쇄국을 주장하는 사람이 많았습니다. 하지만 1862년에 있었던 사쓰마 전투에서 사무라이들의 구식 군대가 서양의 군사력에 완전히 괴멸되자 서양의 힘을 여러 면에서 실감하게 되었고, 서양과의 무역과 근대식 군대의 창설에 반대하는 사람들이 줄기 시작했습니다.

하지만 경제가 어려워지자 외국 물품의 유입으로 국내 경제가 어려워졌다고 믿는 일부 사무라이가 반란을 도모하게 되는데, 1868

년 일부 사무라이는 이런 국내의 움직임을 누르고 천황을 등에 업고 새로운 질서를 세우기 위해 메이지 유신이라는 친위 쿠데타를 단행합니다. 그들은 에도를 도쿄로 바꾸고 지방의 단위를 번에서 현으로 바꾸며 정치, 사회, 행정에 있어서 모든 것을 쇄신하는 조치를 단행했습니다.

이런 상황에서 지방의 다이묘들은 자신들이 속한 지역을 서구식으로 바꾸려는 욕망을 드러내기 시작했습니다. 특히 모든 것의 중심인 도쿄에서 멀리 떨어진 지역에서 이런 욕망이 더욱 강했고, 변화를 원했습니다.

● 구마모토 밴드

일본은 1858년 미국, 네덜란드, 러시아, 영국, 프랑스 등과 차례로 불평등한 수호 통상 조약을 체결하면서 외국인 거주지에 한해 종교 활동의 자유를 보장했습니다. 그리하여 여러 교회와 교파는 선교사를 일본에 파송했지만 초기에는 외국인 거주지에서만 활동을 개시할 수 있었습니다. 1873년 2월에는 금교령의 철폐와 함께 금지되었던 기독교 종교 활동이 묵인되자 선교사의 수도 급증하였고 그 활동도 다양해지게 되었습니다.

일본 전체에서 서양에 대한 관심이 높아지고 서양 문물을 받아들이려는 노력들이 우후죽순 나타났습니다. 특별히 수도인 도쿄에서 멀리 떨어진 규슈의 구마모토의 다이묘들은 막부 정권이 붕괴된 후 새로운 시대를 맞아 인재를 양성한다는 목표를 가지고 1871년 구마모토 양학교(熊本洋學校)를 설립하고 미국인 제인스 대위를 초청하여 교장으로 임명하게 됩니다.

당시 일본 사회의 정세를 본다면 일본인들, 특히 사회의 리더 격이던 사무라이들은 자신들이 처한 곤경을 헤쳐 나가기 위해서 서양학에 뜻을 두고 선교사와 교육가들로부터의 배움을 통해 자신의 생활 안정과 영달, 가문의 재흥과 옛 막부의 부흥을 원했습니다. 이렇게 본다면 구마모토 양학교의 설립과 여기에서 교육받았던 생도들의 기본 배경을 이해할 수 있을 것입니다.

이들은 서양 지식을 받아들임과 동시에 젊은이들에게 서양식 무용 정신을 고취하려고 육군 사관 학교 출신이며 남북 전쟁 때 포병 대위였던 제인스를 초청한 것입니다. 제인스 대위는 선교사는 아니었지만 헌신된 그리스도인이었으며 그리스도의 지상 명령을 수행할 준비가 된 사람이었습니다. 그는 자신도 일본의 사무라이 정신을 체득하고 사무라이 정신의 가치들을 지키려 애썼습니다.

제인스 대위는 구마모토의 사무라이들에게 단순히 서양식 근대 무술만을 가르친 것이 아닙니다. 그는 영어와 서양 문화에 대해서도 강조했습니다. 제인스는 구마모토 양학교가 설립되고 폐교될 때까지 5년간 혼자서 생도들을 가르쳤는데 1873년경부터는 기독교에 흥미를 가진 생도들을 위해서 자택에서 매주 토요일 성서 연구회와 기도회를 열었습니다. 그 결과 1875년 말경부터는 신앙을 고백하는 생도가 30-40명에 이르렀고, 기도회와 성서 연구를 통하여 신앙 부흥이 일어나게 되었습니다. 1876년 1월에는 35명의 생도가 하나오카산에 올라가 다이묘 중의 다이묘인 예수 그리스도를 위해 몸과 마음을 바치기로 서약했습니다.

그리스도께 자신을 드리기로 한 35명의 젊은 생도는 기독교를 알고 나서 감탄하였으며, 자신들이 깨달은 기독교 진리를 일본에 널리 전하기로 맹세했습니다. 이것은 기독교 신앙에 대한 대담한 선언이었기 때문에 학교 내에 커다란 파문을 일으켰습니다.

그러자 지역 사회에서는 그리스도께 헌신하기로 한 학생들과 제인스 대위에 대한 비난의 소리가 높아졌고, 그들은 사회와 가족으로부터 압박을 받았습니다. 더 이상 구마모토에 머물 수 없게 된 대부분의 생도는 도시샤 양학교로 옮겨 계속해서 학업을 이어 갈 수 있었습니다. 도시샤에서 그들은 "구마모토 밴드"라고 불렸습니다. 이들 중에서 기독교계와 교육계를 비롯해 넓은 분야에 걸쳐 대단한 활약을 보인 사람이 많이 나왔습니다.

●삿포로 밴드

일본에서 불모지에 가까웠던 삿포로는 1869년 도시 건설에 나서게 됩니다. 그리고 홋카이도(北海道)를 신식 농법으로 개척하기 위해 1876년에 홋카이도 농업 국립 학교를 설립합니다. 이 학교는 매사추세츠 주립 농과 대학교 학장이었던 유명한 농업 학자인 클라크 박사를 초빙하려고 했습니다. 클라크 박사는 홋카이도 농업 대학이 처음부터 국립 학교였음에도 그곳에서 성경을 가르치는 것을 허락하지 않으면 초빙을 거절하겠다고 밝혔습니다. 농업 전문가의 필요가 절박했던 일본 정부는 클라크 박사의 제안을 받아들이고 그를 초빙하기로 했습니다.

클라크 박사는 1년이라는 짧은 재직 기간에도 홋카이도 농업 대학과 학생들에게 엄청난 영향을 끼쳤습니다. 그는 미국으로 떠날 때 배웅 나온 학생들에게 "소년들이여, 야망을 품으라" (Boys, be ambitious!)라는 말을 남겼는데, 이 말은 일본뿐만 아니라 우리나라 교과서에도 소개될 정도로 유명한 말이 되었습니다.

클라크 박사는 아침마다 학생 전원에게 영어 성경을 가르쳤는데, 이때 농업 대학에 1기로 입학한 15명의 학생 전원이 예수를 믿고 개종하겠다는 서약을 하게 되었습니다. 그 후 이들은 "삿포로 밴드"라고 불리게 되는데, 이들 중에는 후에 홋카이도 제국 대학 총장이 된 사토 쇼스케도 있습니다. 이들은 신앙뿐 아니라 서양 문화에서 받은 새로운 가치로 일본 근대화에도 깊은 영향을 끼치게 되었습니다.

홋카이도 농업 대학과 관련해서 생각해 보고 싶은 사람이 또 있습니다. 일본의 무교회주의자로 유명한 우찌무라 간조(內村鑑三)는 홋카이도 농업 대학의 2기 입학생이었습니다. 많은 사람은 우찌무라 간조가 클라크 박사에게 영향받은 것으로 알고 있지만, 이는 사실과 다릅니다. 우선 우찌무라 간조가 홋카이도 농업 대학에 입학했을 때 이미 클라크 박사는 미국으로 돌아간 후였습니다. 그렇다면 클라크 박사에게 영향받은 1기 입학생들에게 영향받았을 것이라고 생각하기 쉬운데, 우찌무라 간조의 자서전에서 그는 1기생들로부터 신앙에 대한 많은 권유를 받았지만 그들의 믿음을 그대로 받아들이지 않았다고 말하고 있습니다. 하지만 아무리 우찌무라 간조가 자신은 홋카이도 농업 대학 1기생들에게 영향을 받지 않았다고 해도 직간접적으로 영향받았을 것이 틀림없습니다. 만약 우찌무라 간조가 홋카이도 농업 대학에 입학하지 않았다면 그가 그리스도에 대한 믿음을 갖게 되었을지는 모를 일입니다.

● 요코하마 밴드

앞에서 언급한 구마모토 밴드와 삿포로 밴드 외에도 19세기 후반에 일본 근대사에 영향을 끼친 기독 청년들 가운데 "요코하마 밴드"라고 불리는 일단의 청년이 있습니다. 이미 살펴본 것처럼 1870년에 있었던 메이지 유신 이후, 일본의 귀족 자제들이 새로운 문화를 접하게 되고, 선교사들이 교육을 권장함으로 이들은 서양 선교사들이 운영하는 학교에 입학하게 되었습니다. 이들 가운데 1872년에 미국 선교사가 인도하는 기도회에 참석했던 여러 명의 젊은이가 예수를 믿게 되는데 이 그룹을 가리켜 "요코하마 밴드"라고 부릅니다.

이처럼 일본의 선교 역사를 보면 요코하마 밴드와 같이 선교사들에 의해 주도된 선교 사역의 열매가 있는가 하면 구마모토 밴드와 삿포로 밴드처럼 선교사가 아닌 헌신된 그리스도인들에 의해서 이루어진 선교 사역의 열매들도 있습니다. 이처럼 제인스 대위나 클라크 박사에 의해서 이루어진 일본의 선교 사역은 전형적인 풀뿌리 선교라고 할 수 있습니다.

2. 식민지에 영향을 준 그리스도인들

식민지를 경영하는 나라의 선교사들이 피식민지 사람들에게 그리스도를 증거하기 위해 그곳으로 많이 갔습니다. 하지만 식민지를 경영하는 대부분의 정부는 자국의 선교사들이 피식민지 사람들에게 종교를 강요하면서 생기는 불필요한 사회 불안을 귀찮게 생각했습니다. 따라서 선교사들의 활동을 제약하는 경우가 많았습니다. 그 가운데 대표적인 나라가 인도네시아입니다.

인도네시아를 1605년부터 실제적으로 통치하며 경제적으로 이득을 취하던 네덜란드는 자국 선교사들의 활동을 부담스럽게 생각하고 제약을 많이 가했습니다. 이런 이유로 기독교 국가가 경영하는 식민지 나라에서 선교사라는 정체성을 갖지 않은 사람이 오히려 자연스럽게 복음을 전해 많은 영향을 끼친 경우가 있습니다. 저는 먼저 인도네시아의 사례를 소개하고 조선을 지배했던 일본의 사례를 소개하고 싶습니다.

● 인도네시아의 안팅

인도네시아는 네덜란드에 1605년부터 식민 통치를 받게 됩니다. 당시는 엄밀한 의미에서 인도네시아라는 나라가 존재하지는 않았습니다. 하지만 자바 왕국, 순다 왕국 등의 크고 작은 왕국들은 네덜란드의 분할 통치 전략에 의해서 경제적인 수탈을 당하고 있었습니다. 네덜란드 출신의 선교사들은 네덜란드 정부로부터 선교를 적극적으로 하지 못하는 제재를 받았습니다. 하지만 선교사라는 정체성 없이 인도네시아 사람들에게 복음을 전해서 인도네시아 기독교 역사에 큰 족적을 남긴 사람이 있습니다.

바로 프레데릭 안팅입니다. 그는 현재 자카르타로 알려진 바타비아라는 곳에서 네덜란드인 아버지와 네덜란드에서 교육받은 독일인 어머니 사이에 태어났습니다. 안팅은 바타비아에 있는 네덜란드 대법원의 부의장을 지냈는데, 1855년부터 바타비아와 그 주변 인도네시아 현지인들을 위한 전도에도 힘쓰기 시작했습니다.

그는 일찍부터 인도네시아인들은 현지 인도네시아 방식으로, 인도네시아 사람들에 의해 전도받아야 한다고 굳게 믿었습니다. 당시 인도네시아에는 이슬람 배경의 전도자 두 명이 있었는데, 한 사람은 이브라힘 뚤룽 울루이고, 또 한 사람은 끼야이 사드락이었습다. 이 둘은 당시 인도네시아 사람들에게 각인된, 기독교가 서양 종교라는 이미지를 없애기 위해 기독교를 토착화하려는 여러 시도를 하게 됩니다.

이들의 사역 역시 안팅과 관련됩니다. 안팅은 현지 사역자들과 동역하면서 주로 자바 사람들을 훈련해서 자바섬의 여러 곳으로 보내어 자바식으로 복음을 전하려고 노력했습니다. 이것은 선교사들이 하려고 했던 상황화 사역의 일종인데, 선교사가 아닌 사람이 이런 시도를 했다는 것이 놀랍습니다. 일설에 따르면 그는 이 일을 위해서 자신의 모든 재산을 사용했다고 합니다.

● 조선에 영향을 준 일본의 그리스도인들

일본이 한국을 식민 지배하고 있을 때 일본 교회에서 파송한 선교사들이 있었습니다. 하지만 그들은 때때로 조선에 와 있는 일본 관리들로부터 기독교 포교에 대한 제재를 받았습니다. 이처럼 선교사라는 신분으로 온 일본인 선교사들은 사역에 있어 제약을 받았지만 상대적으로 일반 직업을 가지고 조선에 온 일본의 그리스도인은 자유롭게 조선 사람들에게 그리스도의 사랑을 증거했습니다.

그중 대표적인 사람은 다우치 치즈코입니다. 그녀는 관리였던 아버지를 따라 조선에 와서 살게 되었습니다. 그러다가 목포에서 공생원이라는 고아원을 세워 부모 잃은 아이들을 돌보는 윤치호와 결혼한 후 남편을 도와 조선의 고아들을 돌보았습니다. 일본이 패전한 뒤 많은 일본인이 본국으로 돌아갈 때 그녀도 친정 식구들을 따라가지만, 결국 2년 만에 다시 조선으로 돌아와 남편을 도와 고아원 사역을 하였습니다. 6 · 25 동란으로 남편이 실종되었어도 일본으로 돌아가지 않고 조선에 남아 혼자서 수백 명의 고아를 돌보았습니다.

그녀는 재정이 넉넉지 않아 고아들을 먹이기 위해 목포 시내를 전전했으며, 사람들로부터 "거지 어머니"라는 소리를 들었지만 고아들에 대한 사랑을 멈출 수 없었습니다. 그녀가 주님의 품으로 갔을 때 목포에서는 공생원을 거쳐 간 고아들을 포함해서 3만 명의 목포 시민들이 애도했다고 합니다.

3. 직업을 위해 흩어진 사람들

그런가 하면 최근에는 직업을 위해서 전 세계로 흩어지는 성도가 많습니다. 이들 가운데 자발적으로 복음을 전하는 사람이 많아졌습니다.

● 해외에서 일하는 필리핀 여성들

필리핀은 오랫동안 스페인의 지배를 받다가 다시 미국의 지배를 받았습니다. 이런 연유로 스페인이 필리핀을 지배하던 시절에 전파된 가톨릭 신앙이 전체 국민의 50퍼센트 이상을 차지하지만, 최근 들어 개신교도 상당히 확장하고 있습니다. 이런 상황에도 오랫동안 필리핀은 선교지로 인식되어 왔습니다.

하지만 지난 30년 동안 이런 생각들에 큰 변화가 일고 있습니다.

세계화에 발맞추어 필리핀 사람들이 세계로 뻗어나가 취업하기 시작했습니다. 필리핀 사람들은 미국의 지배를 받아 공식적으로 사용하는 따갈로그어 외에 영어를 매우 잘합니다. 그래서 해외에 취업할 때 큰 장점을 갖고 있습니다. 실제로 중국에서 많은 필리핀 사람이 영어 교사로 일하고 있습니다.

이뿐 아니라 많은 필리핀 여성이 해외에 나가 가정부로 일하고 있습니다. 이들은 이웃 나라들, 예를 들어 싱가포르, 홍콩 등으로 가지만 멀리 사우디아라비아 같은 나라에서도 취업합니다. 사우디아라비아에서 가정부로 일하는 필리핀 여성만 200만 명이 넘는다고 하니 그 수가 얼마나 많은지 짐작할 수 있습니다. 전 세계적으로 해외에서 가정부로 일하는 필리핀 여성의 수는 1,000만 명으로 추산하고 있습니다.

이들은 임금 착취, 인종차별, 성적인 학대 등으로 어려움을 겪기도 하지만 100만 명 이상의 그리스도인이 해외에서 취업하는 기회를 통해 그리스도를 증거하려고 노력합니다. 한 사례로 사우디아라비아에서 베이비시터로 일하는 한 자매는 아기를 달래기 위해서 찬송가를 영어로 불러 주었다고 합니다.

이렇게 전혀 복음을 들을 수 없는 곳에서 일하는 필리핀 사람들이 그리스도를 증거하고 있으며, 이들로 인해 주님을 알게 된 사람들의 간증도 있습니다. 몇 년 전에 만났던 랄라노라는 필리핀 목사님에게 놀라운 이야기를 들었습니다. 그가 외국 여행을 하기 위해 한 공항에 갔는데, 그때 사우디아라비아 남자가 옆에 앉더니 자기에게 필리핀 사람이냐고 묻더랍니다. 자기가 어렸을 때 필리핀 가정부에게서 자랐는데, 기독교 신앙에 대해서 들은 적이 있다고 이야기했다고 합니다. 이 얼마나 놀라운 일인가요. 마치 열왕기하 5장에 등장하는 나아만 장군의 집에서 일하는 여자 종이 한 일과 비슷하지 않습니까!

● **홍콩에서 일하는 인도네시아 여성들**

홍콩은 자녀를 양육하며 일을 병행해야 하는 여성들을 위해서 외국에서 가정부들을 데려와 일하도록 지원합니다. 이런 홍콩의 상황을 온몸으로 느끼게 된 계기가 있었습니다. 2015년, 당시 홍콩에서 열리는 OMF 리더십 세미나를 인도하기 위해서 홍콩에 갔습니다. 마침 그 전 주에 인도네시아 죠이에 일이 있어서 인도네시아에서 홍콩으로 바로 오는 바람에 세탁물이 꽤 많아졌습니다. 홍콩에 도착하자마자 세탁을 해야만 일주일 동안 홍콩에서 지낼 수 있었습니다. 호텔에 체크인을 하자마자 프런트 데스크로 가서 어디에서 세탁을 할 수 있는지 물어 보았습니다. 그런데 데스크에 있던 직원은 제가 하는 영어를 알아듣지 못했습니다. 처음에는 내 영어에 문제가 있다고 생각해서 긴장하며 아주 분명하게, 그리고 천천히 다시 말했지만 여전히 제 말을 알아듣지 못했습니다. 보통 홍콩 사람들은 영어로 의사소통하는 데 문제가 없는데, 이런 상황에 처하자 저는 무척 당황스러웠습니다.

그때 마침 호텔 주인이 나타났습니다. 그 주인에게 이분이 내가 하는 영어를 못 알아듣는 것 같다고 말했더니 그는 그 직원이 인도네시아에서 온 지 얼마 안 되어서 영어를 잘하지 못한다고 알려 주었습니다. 저는 도리어 그 주인의 말에 무척 반가웠습니다. 그래서 인도네시아 말로 세탁을 어떻게 하는지 그 직원에게 물었습니다. 그 직원이 제가 하는 인도네시아 말을 듣고 얼마나 놀라고 좋아했는지 모릅니다.

저는 이 에피소드를 OMF 리더십 세미나에 참석한 홍콩 사역자들에게 해주었습니다. 그러자 홍콩 사역자들은 이구동성으로 홍콩에서 가정부로 일하는 인도네시아 여성이 10만 명이나 된다고 말해 주었습니다. 그리고 그들을 위해서 사역하는 팀도 있다고 알려 주었습니다. 그 후 홍콩을 다시 방문했을 때 저는 인도네시아인 가정부들을 위해 사역하는 교회에 가서 말씀을 전할 수 있었습니다. 그리고 그 교회에서 이들을 위해 어떻게 사역하는지 더 자세히 듣고 알게 되었습니다.

그 교회에는 100명 정도의 인도네시아 여성이 출석하고 있었습니다. 그들 중에는 무슬림도 있었는데, 생전 처음 교회에 나와 그리스도를 알게 된 무슬림 자매가 여럿 있었습니다. 그리고 그들이 고향으로 돌아가 가족들을 그리스도 앞으로 인도했다는 이야기도 듣게 되었습니다.

그 교회는 인도네시아 가정부를 두고 있는 홍콩인 성도들에게 이런 사역이 있음을 알리고, 성도들이 자기 집에서 일하는 가정부들을 그곳으로 데려 오도록 한다고 합니다. 얼마나 아름다운 풀뿌리 선교의 모델인지 모릅니다.

홍콩인 성도들이 자신의 집에서 일하는 가정부에게 복음을 전하는 것은 쉽지 않을 것입니다. 자신의 집안 사정을 속속들이 알고 있는 인도네시아 가정부에게 그리스도를 전하기 위해 인도네시아어로 예배드리는 교회로 인도하는 모습을 보면서 저는 큰 감동을 받았습니다. 이처럼 풀뿌리 선교는 누구나 참여할 수 있는 선교 사역입니다.

Chapter Point

본격적인 제도권 선교가 진행되었던 지난 200년의 선교 역사 속에서도 일본에 간 제인스 대위, 클라크 박사 등과 해외 취업을 통해 이루어진 풀뿌리 선교 사역의 열매가 많았다.

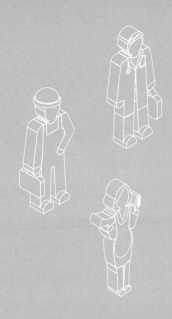

Chapter 5.

바이끄 이야기에 등장하는 풀뿌리 선교

1. 바이끄의 여정

인도네시아의 롬복이라는 섬에 살다 한국에 온 바이끄라는 자매가 있습니다. 이 자매는 원래 신실한 무슬림이었습니다. 롬복은 우리에게 잘 알려진, 발리 옆에 있는 제법 큰 섬으로 최근에는 방송 촬영도 많이 합니다. 발리에 사는 주민 대부분이 힌두교도인데 반해 롬복 주민은 90퍼센트 이상이 무슬림입니다. 바이끄는 그곳에서 태어나고 자랐기 때문에 신실한 무슬림 신앙을 가진 부모님 밑에서 이슬람 신앙을 제대로 배웠습니다.

인도네시아는 산유국이며 자원이 풍부한 나라로 알려져 있지만 1인당 국민 소득이 5천 불도 안 되는 개발 도상국입니다. 인도네시

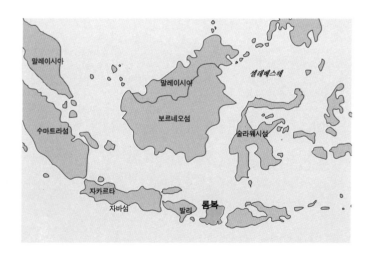

아 서민들에게 한국은 그야말로 경제적 꿈을 이룰 수 있는 나라로 알려져 있습니다. 인도네시아와 한국의 임금 격차는 거의 열 배 가까이 됩니다.

신실한 무슬림이었지만 경제적으로 어려웠던 바이끄도 한국에서 1년만 일하면 인도네시아에서 몇 년 일해야 벌 수 있는 소득을 얻을 수 있기에 한국으로 오게 되었습니다. 양동철 형제가 번역한 「바이끄 이야기」(하늘씨앗 역간)라는 책에는 바이끄가 한국에 오기 위해서 겪어야 했던 많은 어려움이 기록되어 있는데, 인도네시아 사정을 잘 아는 제게는 더욱 절절하게 느껴졌습니다.

우여곡절 끝에 한국에 온 바이끄는 서울의 한 모자 공장에서 봉제사로 일하게 되었습니다. 바이끄는 한국에 오기 전까지 자기가 살던 롬복섬을 한 번도 떠나 본 적이 없습니다. 그런 그녀가 완전히 다른 환경인 한국에 와서 살아야 했을 때 얼마나 어려웠을지 여러분도 충분히 짐작되리라 생각합니다. 부모와 형제 생각에 밤마다 울며 지내던 그녀에게 그리스도의 사랑을 베풀어 준 사람들이 있었습니다. (그분들에 대해서는 나중에 자세히 말씀드리겠습니다.)

바이끄는 스리랑카에서 온 앤튼이라는 남자와 사귀게 되었습니다. 앤튼은 그리스도인이었는데, 바이끄는 앤튼을 무슬림으로, 앤튼은 바이끄를 그리스도인으로 만들 수 있다는 희망을 갖고 있었습니다. 서로 자신의 신앙을 알려 주기를 원한 것이지요. 이들은 신앙에 대한 이야기를 하면서 다투기도 했지만, 결국 바이끄는 주변에 있던 많은 한국 그리스도인에 감화를 받아 교회에 가게 되었고, 한 번 방문한 교회에서 인도네시아 성경을 선물로 받게 되었습니다.

바이끄는 어릴 적부터 성경을 읽어서는 안 된다고 들어왔지만 왠지 호기심이 생겨서 숙소 계단에 숨겨 두고 몰래 읽곤 했습니다. 처음에는 성경을 읽는 것 자체가 무척이나 무서웠습니다. 무슬림에 서는 성경을 읽지 말라고 하기 때문입니다. 그런데 바이끄는 성경 을 읽다가 어느 날 눈이 뜨이는 것 같은 경험을 하면서, 주님을 따 르기로 결심하게 되었습니다.

이런 과정에서 그녀가 확고한 믿음을 갖게 된 결정적인 계기가 생겼습니다. 바이끄의 약혼자인 앤튼이 갑자기 신부전증으로 병원 에 입원하게 된 것입니다. 수술비와 입원비도 만만치 않은 상황에 서 설상가상으로 앤튼의 회사 사장이 의료 보험 수급에 필요한 조 치를 해주지 않자 앤튼은 구로동 서울남교회의 장대순 집사님이 마 련해 준 거처에서 지내며 투석 치료를 받게 되었습니다. 그런데 회 사 사장은 앤튼이 지정된 사업장을 허가 없이 이탈했다고 주장하며 앤튼을 해고 처리해 버렸습니다. 바이끄에게는 앞이 보이지 않는 상황이었습니다.

이때 주변에서 앤튼을 돕는 여러 손길이 있었습니다. 그중 한 사 람이 바로 양동철 형제였습니다. 그는 바이끄와 앤튼에게 위로를 주었고, 신앙적으로 갈등하는 바이끄에게 이슬람교에서 기독교로 개종한 그리스도인들의 간증을 인터넷에서 찾아 프린트해 주었습니다. 바이끄는 그 간증들을 읽으며 주님 안에서 믿음을 더욱 굳건히 할 수 있었습니다.

서울남교회의 장대순 집사님은 작은 회사를 운영하고 있었는데, 앤튼이 어려움을 당한다는 소식을 듣고 그의 치료비 일체를 부담해 주었고, 자신의 회사 한 켠에 침실을 만들어 갈 곳 없는 앤튼에게 기꺼이 내어 주었습니다. 주변 그리스도인의 이런 사랑과 격려로 앤튼은 건강을 되찾고 결국 바이끄와 결혼해서 자신의 고향인 스리랑카로 가서 목회자가 되었습니다. 현재 바이끄는 앤튼의 사역을 신실하게 돕고 있습니다.

2. 양동철 형제

양동철 형제는 현재 은행원입니다. 그는 고등학생 때 주님을 영접하고 주변 사람들에게 그리스도를 증거하려고 노력했습니다. 그가 대학에 다닐 때, 출석하던 상도제일교회 로비에서 공중전화를 사용하기 위해 서성이는 동남아시아 사람들을 만나게 되었고, 그 계기로 그들에게 관심을 가지기 시작했습니다.

그리고 인도네시아에서 온 구나완이라는 청년과 친해지게 되었습니다. 구나완이 교회 바로 옆에 있던 모자 공장에서 일하고 있다는 것도 알게 되었고, 그들 대부분이 무슬림이라는 것도 알게 되었습니다. 양동철 형제는 이들에게 그리스도를 알리고 싶어 숙소에도 찾아가고 교회에 초청하기도 했습니다. 하지만 이들과 깊이 있는 대화를 하는 데 많은 어려움이 있었습니다. 그들의 언어인 인도네시아어를 제대로 하지 못하면 복음을 전하는 데 한계가 있다는 것을 깨닫고 그때부터 인도네시아어를 배우기 시작했습니다. 학원도, 교재도 많지 않은 상황에서 양동철 형제는 인도네시아 친구들을 만나 열심히 인도네시아어를 배우고 훈련했습니다.

그것으로 만족하지 않고 그는 군복무를 마치고 복학하기 전 짧은 기간을 이용해서 제가 사역하던 인도네시아 족자에 와서 한 달 동안 인도네시아어를 연마했습니다. 그는 인도네시아 대학생들이 살고 있는 하숙집에서 지내면서 온종일 인도네시아어만 사용하기도 했습니다. 저는 양동철 형제가 인도네시아어로 족자의 대학생들과 자유롭게 의사소통하는 것을 보고 무척 놀랐습니다.

양동철 형제는 한 달 동안의 언어 연수 후 한국에 돌아와서도 인도네시아어 공부를 게을리하지 않았습니다. 양동철 형제는 서울대학교 경영학과에 복학하여 졸업한 후 수출입 은행에 취업했습니다. 은행 내에서 여러 업무를 담당했는데, 한때 인도네시아와 말레이시아를 포함해서 동남아시아의 여러 나라에서 일어나는 경제적인 사건들을 한국어로 번역해서 상부에 보고하는 일을 담당하기도 했습니다. 그 후 수출입 은행은 말레이시아 수도인 쿠알라룸푸르에 있는 이슬람 금융 대학원에 양동철 형제를 유학 보내 주었습니다.

말레이시아에서 양동철 형제는 전 세계에서 온 많은 이슬람 학자로부터 경제와 금융에 대한 지식만 배운 것이 아니라 꾸란과 하디스, 그리고 샤리아법에 대해서도 배우게 되었습니다. 아마도 우리나라에서 이처럼 이슬람에 대해서 깊이 있게 공부할 수 있는 기회를 가진 사람은 많지 않을 것입니다.

그는 학교를 다니면서 전 세계에서 온 무슬림 친구들을 사귈 수 있었고, 그들의 삶을 통해 무슬림을 깊이 이해할 수 있게 되었습니다. 그는 주변 무슬림들을 집으로 초청했는데, 그렇게 하기 위해 집에서 돼지고기를 아예 요리해 먹지 않았다고 합니다. 그야말로 무슬림 친구들을 위해 자기 집을 돼지고기 금지 구역으로 만든 것이지요.

그 후 양동철 형제는 수출입 은행이 자카르타에 설립한 자회사의 팀장으로 발령받아 인도네시아 직원들과 함께 일하며 그들 안에서 그리스도인의 삶을 보여 주게 되었습니다. 그는 평신도이지만 자카르타 한인 교회에 출석하면서 다른 신자들에게 이슬람 신앙과 문화에 대해서 알려 주는 일도 했습니다.

최근에 그는 자기가 도움을 주었던 바이끄 자매가 어떻게 그리스도를 알게 되었는지에 관한 여정을 담은 「바이끄 이야기」를 번역했는데, 그런 작업을 통해 한국에 온 무슬림들이 주변의 많은 그리스도인의 삶을 보고 어떤 도전을 받고 어떻게 그리스도인이 될 수 있는지를 소개하고 있습니다.

3. '어머니', '아버지'라고 불린 그리스도인

여러분도 공감하시겠지만 바이끄 이야기의 주인공은 우리 주님이십니다. 주님은 이미 바이끄가 롬복에 있을 때부터 바이끄의 마음에 하나님을 찾고 싶은 열망을 주셨습니다.

바이끄는 진정한 하나님이 어떤 분인가를 늘 궁금해 했습니다. 그리고 의미를 모른 채 습관적으로 하는 이슬람의 여러 종교 행위가 무엇을 의미하는지 주변 사람들에게 물었지만 제대로 대답해 주는 사람이 없었습니다. 이것이 인도네시아에 있는 대부분의 무슬림의 상황입니다.

바이끄가 롬복에 있을 때에는 기독교나 예수님에 대해 무슬림이 궁금해하는 질문에 대답해 줄 그리스도인이 주변에 없었습니다. 앞에서도 언급했지만 롬복 주민의 90퍼센트가 무슬림인데, 이것이 무슬림들의 비극입니다. 주변에 진정한 하나님이 누구신지, 예수 그리스도가 우리를 위해 무엇을 하셨는지, 그리고 유대인들이 하는 것과 매우 유사한 여러 종교 행위가 어떤 의미를 갖는지에 대해서 말해 주는 사람이 한 명도 없다는 것입니다.

하나님은 그런 바이끄를 그리스도인들을 만날 수 있는 환경으로 인도하셨습니다. 그녀는 한국에 오게 되었고, 무슬림들만 있는 상황에서 벗어나게 하셨습니다. 그렇다고 해서 모든 무슬림이 자기 고향을 떠나면 자동으로 예수님을 만나게 되는 것은 아닙니다. 바이끄가 그리스도를 알게 되는 여정에서 중요한 역할을 한 사람은 양동철 형제만이 아니라는 점이 중요합니다.

제가 바이끄 이야기를 읽으며 가장 감명받은 것은 모자 공장에서 일할 때 바이끄에게 사랑과 관심을 보여 준 '어머니'라는 분입니다. 여러분 중에는 잘 모르는 사람을 "어머니"라고 부르는 것을 굉장히 이상하게 여기는 분도 계실 것입니다. 하지만 제가 이해하는 인도네시아 문화에서는 잘 모르는 사람에게 "어머니"라고 부르는 것이 그리 이상한 일이 아닙니다.

인도네시아에서는 나이 많은 여자를 "이부"(Ibu)라고 부릅니다. 이부라는 말은 어머니라는 뜻입니다. 마찬가지로 나이 많은 남자를 "바빡"(Bapak)이라고 부르는데, 이 말은 아버지라는 뜻입니다. 종종 인도네시아 선교사들 중에 선교 보고를 하면서 "이 사람들이 나를 얼마나 좋아하면 나를 아버지라고 부른다"고 말하는 분들이 있는데, 이것은 인도네시아 문화를 잘 몰라서 하는 이야기입니다.

그렇다고 해서 모자 공장에서 일하는 모든 여자를 바이끄가 어머니라고 불렀던 것은 아닙니다. 그러니 바이끄가 어머니라고 부른 분이 한 일은 진짜 딸처럼 대했다는 것보다는 관심과 사랑을 가지고 친절하게 대한 정도라고 보는 것이 좋습니다. 이렇게 장황하게 설명하는 이유는 무슬림에게 우리가 줄 수 있는 작은 사랑과 관심도 그들에게 큰 관심으로 비칠 수 있다는 것을 말씀드리기 위해서입니다.

양동철 형제가 한 모임에서 교회 옆 모자 공장에서 일하는 인도네시아 사람들을 자기 집으로 초청한 이야기를 한 적이 있습니다. 어떻게 생각하면 자기 집으로 외국인 친구를 불러 함께 식사하는 것은 그리 대단한 일이 아닐지 모릅니다. 하지만 꼭 인도네시아 사람이 아니더라도 한국에서 일하는 수많은 외국인 근로자 가운데 한국 사람이 자신을 집으로 초청해 식사를 대접해 준 경험을 한 사람은 드물 것입니다. 그들이 알고 있는 한국 사람은 모두 자기가 일하는 공장 내의 거친 사람들이며, 모든 한국 사람이 그런 모습일 거라 생각할 수도 있습니다.

4. 장대순 집사님

「바이끄 이야기」에 등장하는 또 한 분에 대해 이야기하고 싶습니다. 이미 책에 그분의 이름이 '장대순'이라고 나와 있기에 이 책에서 실명을 거론해도 문제되지 않을 것 같습니다. 저는 그분을 직접 만난 적이 있습니다.

그분은 구로동 서울남교회라는 곳에 출석하시는 안수 집사님이었습니다. 언젠가 그 교회에 우연히 선교 학교 강사로 초청받아 간 적이 있었습니다. 담임 목사님이 저를 반갑게 맞아 주셨고, 이미 양동철 형제를 통해 바이끄와 앤튼의 이야기를 알고 있던 터라 담임 목사님에게 그 이야기를 해드렸더니 그렇지 않아도 앤튼이 아플 때 도와주었던 집사님이 교회에 계시다면서 그 자리에서 전화를 해서 직접 장대순 집사님을 만나 뵐 수 있었습니다.

강의 전에 잠시 이야기를 나눈 것이 전부이기에 장대순 집사님에 대해서 자세히는 알 수 없었지만, 장대순 집사님은 사업하는 분이며, 당시 서울남교회 외국인 예배에 참석하던 앤튼이 급성 신부전증에 걸렸을 때 전적으로 도와주셨다는 사연은 자세히 들을 수 있었습니다. 장대순 집사님이 재정적으로 얼마나 여유가 있었는지는 잘 모르지만 사업체를 운영하신다는 말을 들었을 때는 그래도 꽤 여유 있는 분일 거라고 생각했습니다. 하지만 집사님이 타고 가시는 자동차를 본 순간 그 생각이 깨졌습니다. 집사님이 경차를 타고 가시는 것이 아닙니까! 자신은 경차를 타면서도 앤튼의 병원비와 생활비를 모두 부담해 주었다는 사실을 알게 되니 더욱 감동이 되었습니다.

앞에서 인도네시아에서는 나이 많은 남자를 "바빡"이라고 부른다고 설명했습니다. 하지만 바이끄나 앤튼이 장대순 집사님을 "아버지"라고 부른 것은 인도네시아 사람들이 일반적으로 웃어른을 아버지라고 부르는 것과는 다르다고 생각합니다. 장대순 집사님은 앤튼을 진심으로 자기 자식처럼 대해 준 분입니다. 저는 장대순 집사님의 이야기를 들으며 선한 사마리아 사람의 비유가 생각났습니다. 장 집사님은 강도를 만난 이웃에게 자기가 가진 것을 모두 주어서 회복시키려 한 사마리아 사람처럼 자신의 것을 아낌없이 부어 진정한 그리스도의 사랑을 실천한 분입니다. 이런 장대순 집사님의 모습에서 바이끄는 깊은 감동을 받았다고 고백했습니다.

5. 구원이라는 고리의 한 부분만

「바이끄 이야기」를 읽으며 깨달은 것들 가운데 하나는 풀뿌리 선교에서 가장 중요한 것은 우리가 누군가의 구원이라는 고리에서 한

부분을 감당한다는 소박한 목표를 가져야 한다는 것입니다. 바이끄가 공장에서 일할 때 많은 한국 직원이 있었지만 그들은 바이끄에게 별로 관심이 없었습니다. 하지만 교회에 다니는 어머니라는 분은 바이끄에게 사랑과 관심을 주었습니다. 그것이 바이끄로 하여금 그리스도인들에 대한 편견을 없애 주었습니다.

바이끄에게 계속 사랑과 관심을 갖고 있던 양동철 형제도 얼마나 귀한 사역을 했습니까! 그는 바이끄를 교회로 초청하기도 하고 자신의 약혼녀와 함께 바이끄를 데리고 영화관에 가기도 했으며, 결혼한 후에는 신혼집에 초청했습니다. 앤튼이 신부전증으로 입원하여 바이끄의 신앙이 흔들릴 때 그녀에게 무슬림에서 그리스도인이 된 사람들의 간증을 알려 주기도 했습니다. 그 후 양동철 형제는 말레이시아에서 살 때 롬복으로 가는 바이끄 자매를 초청해서 가족들과 함께 지내며 그리스도의 사랑을 실천했습니다.

앤튼이 신부전증으로 고통받고 있을 때 재정적으로 도와 주신 장대순 집사님의 이야기는 더 말해 무엇 하겠습니까! 아마도 바이끄는 장대순 집사님을 하나님이 보낸 천사라고 믿었을 것입니다. 장 집사님이 앤튼을 도울 때 바이끄가 후에 이런 변화들을 보이게 될 것이라고는 상상하지 못했을 것입니다. 하지만 바이끄의 구원의 고리에서 한 부분을 성실하게 감당하신 것입니다.

이처럼 한 사람의 무슬림이 주님 앞에 돌아오기 위해서는 많은 사람의 기도, 사랑, 그리고 관심이 필요합니다. 풀뿌리 선교를 감당하는 사람들은 이렇게 구원의 큰 고리 가운데 한 부분을 감당하며 자기에게 주어진 상황에서 최선을 다하면 됩니다. 그러면 나머지는 우리 주 하나님이 완성하실 것입니다.

Chapter Point

신실한 무슬림이었던 바이끄가 그리스도인이 되기까지 그녀를 돕는 주변의 손길이 많이 있었다. 풀뿌리 선교란 구원이라는 큰 고리 중에서 한 부분을 감당하는 것을 의미한다.

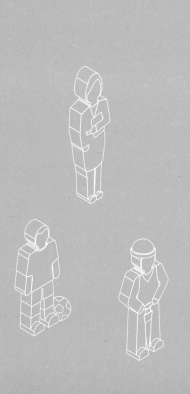

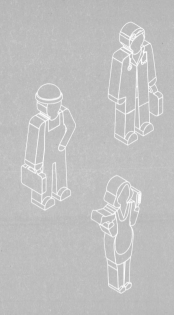

Chapter 6.

직업 선교와 풀뿌리 선교

1. 직업 선교의 다섯 가지 유형

풀뿌리 선교의 모습을 더 명확하게 설명하기 위해 오늘날 선교 현장에서 진행되는 직업 선교의 유형을 살펴보는 것은 여러 가지로 유익할 것입니다. 아래 표는 제가 10년 전에 쓴 「직업과 선교」라는 책에서 소개한 것으로 선교지에서 직업을 통해 선교할 때 여러 가지 유형을 고려해 볼 수 있음을 나타냅니다.

	1유형	2유형	3유형	4유형	5유형
타이틀(정체성)	선교사	직업을 가진 선교사	선교사가 된 직업인	해외에 있는 직업인	국내에 있는 직업인
소속 단체	유	유	유	무	무
사역적, 재정적 책무	유	유	유	무	무
언어와 문화 이해	높다	높다	높다	낮다	전무
후원	필요	필요	대부분 필요	필요 없음	필요 없음
선교지 비자	선교사 비자	직업 비자	직업 비자	직업 비자	없음
사역적 전문성	높다	높다	상대적	낮다	낮다
직업적 전문성	낮다	낮다	높다	높다	높다
선교지의 선택	의도적	의도적	중간	비의도적	없음

이 다섯 가지 유형을 부연 설명하면 다음과 같습니다.

●1유형: 전통적인 선교사

1유형 선교사는 과거에 우리가 알고 있던 전형적인 선교사를 말합니다. 이들은 선교사라는 한 가지 정체성만을 갖습니다. 그 말은 본국에서 선교사라는 정체성만 갖고 선교지에서도 선교사라는 정체성만 가진다는 의미입니다. 아마도 2차 세계 대전이 끝난 1945년 전까지는 대부분의 선교사가 1유형이었다고 해도 과언이 아닐 것입니다. 하지만 오늘날 이런 유형의 선교사는 기독교가 다수인 지역이나 과거에 기독교가 우세했던 국가가 아닌 곳에서는 체류 자체가 불가능한 상황입니다.

1유형 선교사는 선교지 정부로부터 선교사 비자를 가지고 선교지에서 전적으로 교회를 개척하는 일, 전도하는 일, 구제하는 일 등의 사역에 전념할 수 있습니다. 경우에 따라서 1유형 선교사들 가운데 선교사 비자를 받고 선교지에 가서 한국에서 가졌던 직업을 그대로 실행하는 경우도 있습니다. 예를 들어, 선교사 자녀 학교에서 수학을 가르친다든지, 운전을 한다든지의 경우를 말합니다. 이런 경우라 해도 선교사 비자를 받은 것이라면 1유형으로 분류하는 것이 적절합니다.

● 2유형: 직업을 가진 선교사

2유형 선교사는 1유형 선교사와 본질적으로 같은 유형의 선교사를 말합니다. 이 말은 2유형의 선교사는 '선교사'라는 정체성만을 가지고 있다는 뜻입니다. 하지만 이런 유형의 선교사들은 선교사 비자를 주지 않는 나라에서 체류하기 위해 직업을 갖게 됩니다. 따라서 이런 선교사는 본국에서는 자기를 선교사라고 하지만 선교지에서는 직업인처럼 행동합니다. 즉 본국에서 갖는 정체성과 선교지에서 갖는 정체성이 다릅니다.

2유형에 속하는 선교사는 직업적 전문성이 없거나 약한 경우가 대부분이고, 설령 직업적 전문성이 있다고 해도 그 직업을 실천하지 않는 경우가 대부분입니다. 예를 들어, 본국에서 간호사로 일하다가 선교지에 가서는 교회 개척이나 전도, 혹은 제자 훈련을 하면서 선교에 주력한다면 본국에서는 이런 유형의 선교사가 직업 선교를 하는 것처럼 보이지만 엄밀히 말해 이들은 2유형 선교사라고 할 수 있습니다.

● 3유형: 선교사가 된 직업인

3유형 선교사는 2유형 선교사와 비슷하게 선교사라는 정체성과 직업인이라는 정체성 모두를 갖습니다. 이런 유형의 선교사는 본국에서 선교사라고 불리지만, 선교지에서는 직업인이라고 불립니다. 하지만 2유형 선교사와 달리 3유형 선교사들은 직업적 전문성이 매우 높고 선교지에서 실제로 자신의 직업을 행해야 합니다. 따라서 이런 유형의 선교사들은 이미 본국에서 대부분 그런 직업을 가지고 일한 경험이 있습니다.

3유형 선교사들은 선교 단체에 소속되어 있는 경우가 대부분이고 교회나 개인으로부터 후원을 받습니다. 드물게 자신의 직업에서 생기는 소득이 있을 수 있습니다. 3유형 선교사들은 사역적 책무와 재정적 책무를 이행해야 하며, 자신이 받은 후원금뿐만 아니라 직업을 통해 얻은 소득도 보고할 의무가 있습니다. 많은 사람이 3유형 선교사를 오해하기도 합니다. 선교지에서 직업을 가지고 섬긴다고 하면 자비량 선교사라고 생각하는데 오히려 3유형에 속한 대부분의 선교사는 무보수 혹은 아주 적은 보수를 받고 봉사의 형태로 섬기게 됩니다.

● 4유형: 해외에 있는 직업인

1유형부터 3유형까지는 선교사라고 부르지만 4유형과 5유형은 선교사로서의 책무가 없으므로 선교사라는 명칭을 사용하지 않는 것이 좋습니다. 그래서 이제부터 4유형과 5유형에 대해서는 "선교인"(missioner)이라 부르도록 하겠습니다.

4유형 선교인은 3유형 선교사처럼 전문적인 자기 직업을 가지고 타문화에서 체류하는 일반 성도를 말합니다. 오늘날에는 많은 성도들 가운데 해외에서 직장을 구하기 위해서 이동하는 경우가 많고, 해외에서 사업하는 경우도 많습니다. 이들 가운데는 예수님의 지상 명령을 분명히 이해하고 기회만 된다면 이를 실천하려고 하는 성도가 많습니다. 이들이 4유형 선교인입니다.

앞에서 설명한 바 있는 사도행전의 흩어진 사람들이 대부분 자기 생활을 위해 직업을 가졌고, 그 직업을 통해 먹고산 것처럼 오늘날에도 해외에서 직업을 가지고 사는 성도들이 주변의 타문화 사람들에게 그리스도를 전하는 것을 말합니다. 이들은 선교사라는 정체성을 갖지 않습니다. 일본에서 그리스도를 증거한 제인스 대위, 클라크 박사, 그리고 오늘날 중동 지역에 나가 가정부로 일하는 필리핀 여성들이 4유형 선교인에 해당됩니다.

● **5유형: 국내에 있는 직업인**

5유형 선교인은 4유형 선교인과 모든 면에서 거의 동일합니다. 다만 다른 것은 4유형 선교인이 해외에서 타문화에 그리스도를 증거한다면 5유형 선교인은 국내에서 타문화 사람들을 섬긴다는 것입니다. 오늘날은 2억 명이나 되는 사람들이 직업을 찾아 세계를 옮겨 다니는, 그야말로 이민의 시대입니다. 2014년 기준 우리나라에는 200만 명의 외국인이 와 있으며, 시간이 갈수록 더 증가할 추세입니다. 이들 가운데는 선교사의 입국이 매우 제한적이거나 거의 불가능한 나라에서 온 사람도 많습니다.

「바이끄 이야기」에 등장하는 양동철 형제, 장대순 집사, 그리고 모자 공장에서 어머니라고 불리던 여자 성도는 모두 5유형 선교인에 해당됩니다.

1유형, 2유형, 3유형 선교사들은 선교 단체에 소속되어 있거나 어떤 형태로든 사역적 책무와 재정적 책무를 이행하는 선교사를 말하는 반면, 4유형과 5유형으로 선교하는 사람들은 이 책에서 이야기하는 풀뿌리 선교가 현장에서 나타나는 모습이라고 할 수 있습니다. 저는 개인적으로 지난 2, 3세기 동안 하나님이 1유형, 2유형, 3유형 선교사를 사용하셨던 것처럼 오늘날 새로워진 환경에서 4유형과 5유형의 풀뿌리 선교인들을 사용하실 거라고 생각합니다.

2. 4유형 선교인의 세부 유형

4유형과 5유형의 경우 그 안에서도 매우 다양한 양상을 보입니다. 예를 들어, 「바이끄 이야기」에 등장하는 세 사람만 해도 상당히 다릅니다. 저는 10년 전에 저술한 「직업과 선교」라는 책을 몇 년 전 증보해서 다시 출간했는데, 증보판에서 다룬 가장 중요한 내용은 바로 4유형 선교인과 5유형 선교인을 더욱 세부적으로 나눈 것입니다. 이를 요약해서 소개하면 다음과 같습니다.

4유형 선교인의 세부 유형

	4A	4B	4C
가용 시간	유	무	무
현지 언어 수준	레벨 2+ 이상	레벨 1+ 이상	레벨 1 이하
사역 형태	적극적으로 현지 사역을 감당 한다.	자기의 상황에서 가능한 현지 사역을 감당 한다.	사역을 위해서 직접적으로 현지인과 접촉하지 않고 출석하는 한인 교회의 선교 프로그램에 적극 참여한다.
사역적 전문성	중급 수준 이상	초급 수준	초급 수준 이하

먼저 4유형을 A, B, C유형으로 세분화해 보았습니다. 세 가지 분류 기준은 풀뿌리 선교를 담당하는 사람이 시간을 얼마나 낼 수 있는가에 따른 것입니다.

4A유형 선교인은 자신이 하는 정상적인 업무 시간에서 상당한 시간을 타문화 사역에 할애할 수 있는 경우를 말합니다. 예를 들어, 사업하는 사람이 보통 아침부터 오후 늦게까지 8시간 정도 일한다

고 할 때, 오전만 일한다든지 오후만 일하고 나머지 시간을 타문화 사역에 사용하는 것입니다. 경우에 따라서는 요일을 정해서 월요일부터 목요일까지만 일하고 금요일부터 주말에는 타문화 사역을 할수도 있습니다.

만약 직장을 다니는 사람이라면 풀타임으로 일하지 않고 타문화 사역을 위해서 근무 시간을 줄이는 경우를 의미합니다. 앞에서 말한 사업을 하는 경우와 마찬가지로 근무 시간을 조정하거나 근무 날짜를 조정하는 방법으로 할 수 있습니다.

4A유형 선교인들은 현지인들을 위한 사역을 적극적으로 하게됩니다. 그러기 위해서 선교인들도 현지 언어를 어느 정도 할 수 있어야 합니다. 저는 이럴 경우 레벨 2+ 정도의 현지어 구사 능력을 갖추기를 추천합니다. 현지어를 구사하는 수준에 대해서는 다음 장에서 더 상세히 설명하겠지만 레벨 2+로 현지어를 구사한다는 의미는 아주 전문가 수준은 아니라 하더라도 자신의 아이디어를 현지어로 전달할 수 있는 수준을 말합니다.

4A유형 선교인은 사역에 대한 기대가 비교적 높다고 할 수 있습니다. 단순히 그리스도를 증거하고 전도하는 것을 넘어 양육하고 제자 훈련을 하는 정도까지 사역이 가능한 수준을 말합니다. 146쪽표에서 사역적 전문성을 중간 이상이라고 표현한 것은 제자 훈련이 가능한 정도를 의미합니다.

4B유형 선교인은 4A유형 선교인과 달리 타문화 사역을 위해서 시간을 따로 낼 수 없는 경우를 말합니다. 아마도 대부분의 4유형 선교인이 4B유형 선교인에 해당한다고 보아야 할 것입니다. 실제로 4유형의 경우는 교회나 단체로부터 받는 후원이 전혀 없으므로 생계와 사역을 위해 열심히 일해서 돈을 벌어야 합니다. 따라서 4A유형 선교인처럼 생업에 종사하는 시간을 탄력적으로 적용하면서 타문화 사역에 종사하기 위해서는 대단한 전문성을 가지고 있어서 적은 시간 일하면서도 일정한 소득을 얻을 수 있거나 배우자가 안정된 직업을 가지고 있어서 본인은 비교적 자유로운 경우가 아니라면 거의 불가능합니다. 그런 면에서 4B유형 선교는 일반적인 상황에서 할 수 있는 사역이라고 생각합니다.

4B유형의 선교인은 자기가 속한 상황에서 타문화 사역을 개발하는 경우가 대부분입니다. 예를 들어, 교수라면 강의를 마친 다음이나 강의가 시작되기 전에 학생들을 대상으로 성경 공부를 인도한다든지, 전도하는 경우를 말합니다. 만약 사업체를 운영한다면 사업장에서 모든 업무를 마친 후나 시작하기 전에 성경 공부를 인도하거나 복음을 전하거나 제자 훈련을 하는 경우를 말합니다.

4B유형 선교인의 경우는 현지어 구사가 자유롭지 않을 수 있습니다. 타문화에서 취업할 경우 대부분 현지어 구사 능력은 레벨 1+이거나 레벨 2에 머무는 경우가 많습니다. 이런 경우 성경을 가르

치거나 제자 훈련을 하는 것이 무척 힘듭니다. 따라서 4B유형 선교인이라면 자신이 모임을 인도한다고 해도 말씀을 전하거나 성경을 가르치는 것은 현지 사역자가, 혹은 언어 수준이 레벨 3 이상 되는 선교사와 협력을 통해서 할 수 있습니다.

4C유형 선교인은 4B유형 선교인과 달리 자신의 상황에서 사역하기 어려운 경우를 말합니다. 만약 직장에서 현지어를 사용하는 것이 아니라 영어나 한국어로 업무를 진행해서 현지어 구사가 레벨 1밖에 되지 않는다면 4A유형 혹은 4B유형 선교 사역을 기대하는 것은 불가능합니다.

또 회사가 어떤 형태로든 종교와 관련된 행위를 사내에서 못하게 하는 경우에도 자신의 상황에서 성경 공부를 하거나 전도하는 것은 불가능합니다. 이럴 경우 자기가 출석하는 한인 교회에서 진행하는 타문화 사역에 참여하는 경우가 많습니다. 예를 들어, 한인 교회에서 현지인들을 위해 긍휼 사역을 할 때, 그 사역에 동참하는 경우 등을 말합니다. 또 동료를 교회나 공동체에 연결하는 경우를 말합니다.

4B유형 선교 사역을 4A유형 선교 사역에 비해서 열등한 사역이라고 하지 않듯이 4C유형 선교 사역은 4B유형 선교 사역에 비해서 열등하지 않습니다. 다만 4C유형 선교인의 경우는 삶의 진정성을 통해서 그리스도 안에서 사는 삶이 무엇인지 현지인들에게 확실하

게 보여 주어야 합니다.

3. 5유형 선교인의 세부 유형

5유형 선교인과 4유형 선교인의 차이는 살고 있는 지역에 있습니다. 5유형 선교인은 국내에 있으면서 타문화 사역을 하는 경우를 말합니다. 5유형 선교인의 경우도 앞에서 설명한 4유형 선교인처럼 가용 시간에 따라 5A, 5B, 5C 선교인으로 나눌 수 있습니다.

5유형 선교인의 세부 유형

	5A	5B	5C
가용 시간	유	무	무
현지 언어 수준	레벨 1+ 이상	레벨 0+ 이상	필요 없음
사역 형태	적극적으로 외국인 사역을 감당한다.	자기의 상황에서 가능한 외국인 사역을 감당한다.	자신이 출석하는 지역 교회의 선교 프로그램에 적극 참여하여 외국인 사역을 감당한다.
사역적 전문성	중급 수준 이상	초급 수준	초급 수준 이하

150쪽 표에서 볼 수 있는 것처럼 A, B, C로 구분하는 데 있어 가장 중요한 기준은 타문화 사역을 위해 시간을 낼 수 있는가 하는 점입니다. 5A유형 선교인은 앞에서 본 4A유형 선교인과 비슷한 개념입니다. 예를 들어, 사업하는 사람의 경우 오전만 일한다든지 오후만 일하고 나머지 시간을 타문화 사역에 사용하거나 경우에 따라서 요일을 정해서 월요일부터 목요일까지만 일하고 금요일부터 주말까지는 타문화 사역을 하는 경우를 말합니다.

만약 직장을 다니는 사람이라면 풀타임으로 일하지 않고 타문화 사역을 위해서 근무 시간과 날짜를 조정하는 방법으로 할 수 있습니다. 우리나라의 직장 문화를 고려할 때 쉽지는 않겠지만 만약 가능하다면 이런 식으로 타문화 사역에 더 깊이 관여할 수 있습니다.

이런 경우 외국인들과의 소통을 위해 약간의 외국어를 구사할 필요가 있는데, 저는 이런 분들에게 레벨 1 정도 이상의 외국어 실력을 갖추길 권합니다. 그렇다고 해서 5유형 사역을 하는 사람들이 언제나 외국어 수준이 낮아야 한다고는 생각하지 않습니다. 양동철 형제처럼 매우 탁월하게 외국어를 구사할 수 있습니다.

5A유형 선교인의 경우는 사역에 대한 기대가 그리 높지 않습니다. 따라서 대부분 구체적인 사역은 혼자서 하기보다 해당 외국인이 사는 나라에서 사역했던 선교사의 사역과 관계 맺든지, 한국에 있는 해당 국가 사람들이 모이는 공동체와 연계해서 사역하는 것이

필요합니다.

5B유형 선교인과 5C유형 선교인의 경우도 앞에서 설명한 4유형 선교인의 4B유형과 4C유형 선교인에 대한 설명을 준용하면 됩니다. 이미 4유형 선교인에서 설명한 것처럼 5B유형 선교인과 5C유형 선교인의 차이는 자신이 속해 있는 상황에서 타문화 사람들과 접촉해서 그들에게 영향을 끼칠 수 있는가의 여부입니다. 어쩌면 한국 내에서 일반 성도가 타문화 사역을 한다고 할 때 5A유형보다는 5B유형이나 5C유형 선교인이 더 많을 것입니다.

저는 개인적으로 한국의 모든 성도가 5유형의 선교적 실천을 감당할 수 있기를 바랍니다. 다만 기대하는 것은 5C유형의 선교인이 외국어를 배워 5B유형의 사역을 할 수만 있다면 그 효과는 엄청날 것입니다.

4. 인도네시아에서의 가슴 아픈 경험

인도네시아는 국부라고 불리는 초대 대통령 수까르노의 영향으로 처음부터 사회주의 노선을 걸었습니다. 당시 서구 열강의 지배를 받고 있던 아시아와 아프리카의 식민지 나라에서 일어나고 있던 매우 자연스러운 운동이었습니다. 그 영향으로 인도네시아는 일찍부터 북한과 외교 관계를 수립하였습니다.

인도네시아가 대한민국과 정식으로 외교 관계를 수립한 것은 1970년에 들어서입니다. 하지만 정식으로 외교 관계가 수립되자 인도네시아와 대한민국의 경제 협력 관계는 빠른 속도로 진전을 이루었습니다. 앞에서도 잠시 언급한 것처럼 1980년대 한국에서는 인건비가 급격히 올라가는 바람에 많은 봉제 공장이 문을 닫았고, 저렴한 인건비를 보장하는 인도네시아로 많은 봉제 공장이 이전하게 되었습니다.

제가 인도네시아에 도착했을 때 봉제 공장을 운영하는 사업가들이나 CEO가 많았습니다. 당시에는 아직 한국 선교사들이 인도네시아에 많지 않았고, 사업을 위해 온 분들 가운데 인도네시아 선교를 위해 기도하는 분들이 모임을 만들었습니다. 이분들은 매달 한 번씩 모여 인도네시아를 위해, 인도네시아에서 사역하는 한국 선교사들을 위해 기도 제목을 놓고 기도했습니다. 기도 모임 멤버들은 기도만 한 것이 아니라 돈이 없어 자녀들이 학업을 중단할 위기에 있는 사람이나 병으로 고생하는 선교사들을 위해 성심껏 후원하기도 했습니다.

그런데 어느 날 기도 모임 멤버들이 깊은 상처를 받는 일이 벌어졌습니다. 한국 선교사의 수가 많아지면서 한국 선교사들끼리 친목회를 결성했는데, 앞에서 말한 다섯 가지 직업 선교 가운데 2유형 선교사가 대부분이었고, 저처럼 직업을 가진 3유형 선교사는 소수였습니다. 처음에는 3유형 선교사도 선교사냐며 의아해 하는 2유형 선교사도 많았습니다. 하지만 시간이 지나면서 3유형 선교사도 같은 선교사로 자연스럽게 받아들여졌습니다. 그러니 이런 분위기에서 2유형 선교사들이 4유형 선교인들이 만든 기도 모임의 멤버들을 선교사로 인정할 리 없었습니다.

문제는 한인 선교사 친목회에서 참석한 수양회에서 벌어졌습니다. 한인 선교사 친목회에서는 일 년에 한 번씩 수양회를 열었는데, 한국의 유명 목사님들을 강사로 초청하기도 했습니다. 대부분 유명 목사님들은 큰 교회를 목회하고 있어 자비량으로 인도네시아에 오셨고, 설교를 통해 인도네시아에서 사역하는 선교사들에게 감동을 주었습니다.

그런데 기도 모임 멤버들이 자신들도 선교사 수양회에 참석해서 한국에서 오신 목사님들의 설교를 들을 수 있겠느냐고 타진을 해온 것입니다. 선교사들은 그럴 수 없다고 답변했습니다. 선교사들을 위해서 늘 기도하던 기도 모임 멤버들은 이 일로 큰 상처를 받았습니다. 만약 기도 모임 멤버들이 풀뿌리 선교인이라는 인식이 양쪽에 있었다면 이 문제는 다르게 해결될 수 있지 않았을까 하는 아쉬움이 남습니다.

5. 바-바 선교와 풀뿌리 선교의 화합

3유형 선교사와 4유형 선교사의 경계는 어떻게 보면 그리 분명하지 않습니다. 이집트의 한 인터서브 소속 선교사는 스스로 선교사라는 정체성을 버렸습니다. 영국에서 온 이 선교사는 이집트 대학에서 역사학을 가르치고 있었는데 그는 3유형 선교사였습니다. 하지만 현지 사람들이 그에게 선교사냐고 물을 때마다 아니라고 대답해야 하는 것에 부담을 느꼈습니다. 그래서 그 선교사는 결국 인터서브라는 단체를 떠나기로 했습니다. 하지만 이집트 대학에서 여전히 학생들을 가르치며 타문화 사역을 하고 있습니다. 그러니 그 역사학 교수는 3유형 선교사에서 4유형 선교인으로 그의 타이틀을 바꾼 것입니다.

그런가 하면 4유형 선교인으로 양계 사업을 하던 어떤 양계 전문가는 인도네시아에서 3유형 선교사로 자신의 타이틀을 바꾸어 활동했습니다. K 선교사는 보르네오섬 북쪽에 위치한 브루나이 왕국에서 양계 사업을 하고 있었습니다. 그는 양계 사업을 하면서도 주변의 현지 교회들이 자립하도록 돕고, 목회자들에게 양계 기술을 무료로 가르쳐 주었습니다.

그러다가 브루나이에서 하던 사업을 접고 인도네시아 족자카르타에서 사역하는 목회자들을 돕기 위해 3유형 선교사로서 현지 신학교에서 양계 기술을 가르쳤습니다. K 선교사의 명성이 자자해지자 많은 선교사가 자기가 사역하는 곳에 와서 현지 사역자들에게 양계 기술을 지도해 달라고 요청해 왔고, 이후 여러 곳을 방문하게 되었습니다.

이처럼 3유형 선교사와 4유형 선교인의 차이가 엄청나게 큰 것은 아닙니다. 만약 두 유형이 서로 인정하고 협력한다면 아름다운 결과를 가져올 수도 있습니다. 사도행전에는 선교사와 선교인들이 아름답게 화합을 이루는 예들이 나옵니다. 가장 분명한 예는 사도행전 18장에 등장하는 사도 바울과 아굴라, 브리스길라 부부의 동역입니다.

아굴라와 브리스길라 부부는 선교사로 파송받아 고린도에 온 것이 아닙니다. 그들은 로마에 있을 때 황제의 칙령에 의해서 로마를 떠나야만 했습니다. 하지만 고린도에서 사도 바울을 만나 그와 동역했고, 후에 사도 바울이 에베소로 갈 때 따라가서 에베소교회에서 귀한 사역을 감당한 것입니다. 로마서 16장에서 사도 바울은 아굴라와 브리스길라는 자신을 위해 목숨도 아끼지 않을 동역자라고 소개하고 있습니다.

또 하나는 사도행전 21장에 등장하는 전도자라는 별명을 가진 빌립 집사와의 동역입니다. 여기에 등장하는 빌립은 예수님의 제자 빌립이 아니고 사도행전 6장에서 초대 교회가 선출한 일곱 명의 집사 가운데 한 사람입니다. 전도자 빌립과 사도 바울의 협력 관계는 그리 많은 증거를 찾기 어렵지만 사도 바울이 예루살렘으로 올라가는 이야기에 등장합니다. 빌립은 교회의 파송을 받고 사역한 사람은 아니지만 성령의 인도를 받아 20년 넘게 계속 복음을 전해 전도자라는 별명을 얻었습니다. 사도 바울은 그 빌립의 집에서 며칠간 머문 적이 있는데, 이때 빌립의 딸들은 사도 바울을 매우 아껴서 사도 바울이 예루살렘에서 당할 일을 예상하고 울며 가지 말라고 부탁하기도 합니다. 이런 모습이 아름다운 두 사역 사이의 화합이라고 생각됩니다.

자신이 어떤 유형의 타문화 사역을 하느냐는 부르심에 해당됩니다. 저는 개인적으로 3유형 선교사로 인도네시아에서 선교 사역을 했지만 만약 어떤 사람이 이런 직업 선교의 다섯 가지 유형이나 풀뿌리 선교의 개념을 진작 알려 주었다면 아마도 4유형 선교인 혹은 5유형 선교인으로 사역했을 것입니다. 그렇다고 제가 3유형으로 선교한 것을 후회한다는 말은 결코 아닙니다. 중요한 것은 2유형이든, 3유형이든, 혹은 4유형이든 서로의 부르심을 인정하고 존중하는 마음을 갖는 것입니다.

● 윤종길 집사님
인도네시아 족자카르타에서 사역할 때 자카르타의 어느 한인 교회에서 저에게 강의를 부탁한 적이 있습니다. 초청한 주체는 교회 안에 있는 남선교회였습니다. 남선교회에는 주로 사업하는 사람이 많았는데, 인도네시아에는 1980년대 중반부터 한국에서 사양 산업으로 여겨지는 봉제 공장들이 들어오기 시작했습니다. 의복이나 모자, 완구 등 재봉틀을 이용해서 만드는 제품은 대부분 인건비가 제조 원가의 많은 부분을 차지하고 있어 결국 인건비가 저렴한 동남아시아로 옮기기 시작한 것입니다. 그 대표적인 나라가 인도네시아입니다. 저는 인도네시아에 가서야 이 사실을 알게 되었습니다. (참고로 당시 자카르타에만 3만 명이 넘는 한국 교민이 살고 있었고, 그 가운데 10퍼센트 가량은 교회에 출석하고 있어 한인 교회도 여럿 있었습니다.)

저는 남선교회 멤버들을 대상으로 제가 하는 일에 대해 소개했습니다. 저는 대학교에서 회계학을 가르치고 있으며, 대학생들에게 복음을 전하고 '인도네시아 죠이'라는 작은 영어 성경 공부 모임을 시작했다는 이야기를 나누었습니다. 그리고 참가자들에게 텐트 메이커라는, 직업을 통한 선교 개념을 소개했습니다. 당시만 해도 저는 풀뿌리 선교라는 개념을 몰랐습니다. 이 개념은 인도네시아 사역을 마무리하고 한국으로 돌아온 후에 생각하게 된 것입니다. 만약 그 당시 제가 풀뿌리 선교에 대해서 생각하고 있었다면 저는 단순한 '직업 선교'보다는 '풀뿌리 선교'를 더 강조했을 것입니다.

여하튼 강의를 모두 마치고 나자, 어떤 분이 메모 한 장을 건네

주셨습니다. 그 메모를 쓰신 분은 윤종길 안수 집사님인데, 제 강의가 끝나기 전에 꼭 가야 할 중요한 약속이 있어 자리를 떠나시면서 제게 꼭 전해 달라고 한 메모였습니다. 윤종길 집사님의 메모는 식탁에 있던 냅킨에 만년필로 적은 것이었는데, 거기에는 이름과 전화번호, 그리고 이 한 문장이 적혀 있었습니다. "선교사님, 의논드리고 싶은 것이 있으니 꼭 연락주시기 바랍니다." 저는 윤종길 집사님이 제게 보낸 메시지에서 메모만 남기고 급하게 자리를 떠날 수밖에 없었던 집사님의 진정성이 느껴져 바로 전화를 드렸습니다. 그리고 한 달쯤 뒤에 윤종길 집사님의 사무실로 찾아가 만날 수 있었습니다.

그곳에는 5,000명이나 되는 직공이 일하고 있었는데, 대부분 무슬림이었습니다. 윤종길 집사님은 인도네시아에 오시기 전 한국의 유명한 패션 회사에서 일하셨는데, 인도네시아의 한 사업가가 공장 전체를 관리하는 CEO로 윤종길 집사님을 스카웃한 것입니다. 윤종길 집사님은 공장 규모와 사장실의 화려함에 놀라 어리둥절해 하는 저를 반갑게 맞아 주었습니다. 처음 뵙는 것이었지만 격 없이 편하게 이야기를 나누었습니다. 윤종길 집사님은 우선 한인교회 남선교회 특강에서 제가 한 강의 내용에 깊은 감명을 받았다고 말씀하시며, 자신이 현재 고민하고 있는 것들을 솔직하게 털어 놓으셨습니다.

자신이 인도네시아에 오려고 했을 때 출석하던 교회 담임 목사님이 윤종길 집사님을 선교사로 임명한다고 교인들 앞에서 공표했다는 것입니다. 윤종길 집사님은 자신이 선교사로 왔다는 것 때문에 늘 뭔가를 해야 한다는 부담을 느끼고 있었습니다. 하지만 자신이 일하는 공장에서 선교라는 이름으로 무언가를 하기에는 너무나 큰 벽이 있다는 사실을 깨달으셨다고 합니다. 그러다가 제 강의를 듣고 어떤 돌파구를 찾은 것 같은데, 더 구체적인 실천 방안을 듣고 싶었다는 것입니다.

5,000명이나 되는 현지 직공들 가운데는 그리스도인도 많았습니다. 참고로 말하면 인도네시아에는 무슬림이 국민의 80퍼센트 정도를 차지합니다. 인도네시아의 전체 인구가 2억 5,000만 명이라고 한다면, 2억 명이 무슬림 인구입니다. 이렇듯 인도네시아는 최대 이슬람 국가임이 틀림없습니다. 하지만 이는 다른 종교를 가진 사람들도 20퍼센트 가까이 존재한다는 이야기입니다. 인도네시아 인구 중 10퍼센트 이상이 기독교인입니다.

윤종길 집사님은 뭐라도 하고 싶은 열망으로 우선 직공들 가운데 그리스도인들을 모았습니다. 약 50명 정도 되는 그리스도인을 사장 방에 초청해서 일주일에 한 번씩 예배드리기로 했습니다. 참고로 윤종길 집사님의 인도네시아어 구사 능력은 일반적으로 해외에서 직장을 가지고 현지어를 구사해야 하는 사람들 수준으로 보였습니다. 이 정도로 언어를 구사한다면 직장에서 업무를 진행하는 데에는 별 문제가 없겠지만 설교한다든지, 영적인 진리를 설명하기는 어렵습니다. 그래서 윤종길 집사님은 현지 목사님을 초청해서 설교를 부탁했습니다.

여기까지만 들으면 여러분은 윤종길 집사님이 4B유형의 풀뿌리 선교를 하고 있다고 이해할 수 있을 것입니다. 그리고 이런 형태의 사역도 얼마나 훌륭한 일인지 저나 여러분은 윤종길 집사님을 칭찬하고도 남을 것입니다. 하지만 당시에 풀뿌리 선교를 이해하지 못하던 한국의 목사님이 윤종길 집사님을 선교사로 임명했고, 윤종길 집사님도 자신이 선교사라는 정체성을 가지고 인도네시아에 왔지만 공장에서 그리스도인들을 불러 예배하는 것 외에는 아무것도 할 수 없었습니다. 이 때문에 윤종길 집사님은 좌절감을 느끼셨던 것입니다.

윤종길 집사님이 공장에서 그리스도인들을 모아 예배를 드린 것은 예배를 통해 직원들에게 집에 있는 가족이나 주변 친구들에게 복음을 전파하고자 하는 동기가 강하게 생기리라 기대했기 때문입니다. 하지만 그런 일은 일어나지 않았습니다. 오히려 윤종길 집사님은 좌절을 겪으셨습니다. 그리스도인 동료들이 열심히 예배드리는 것을 본 무슬림 직원들이 갑자기 공장 안에 있는 '무솔라'(mushola)라는 기도 처소에 줄 서서 들어가 기도에 열심을 내게 된 것입니다. 이를 본 윤종길 집사님은 더욱 힘이 빠질 수 밖에 없던 것이지요.

저도 당시에 풀뿌리 선교라는 것을 이해하지 못하고 있던 터라 공장 안에서 더 적극적인 무슬림 사역을 위해 이슬람을 상황화한 팀을 만들어 보라고 조언한 뒤 두 명의 선교사를 소개해 주었습니다. 이분들은 3유형 선교사였습니다. 그들은 직장에 취업하고 무슬림 직공들에게 복음을 전했습니다.

결과적으로 이 계획은 여러 이유로 제대로 실행되지 못했습니다. 하지만 저는 이 경우가 풀뿌리 선교 모델인 4유형과 3유형 선교사가 화합할 수 있었던 좋은 기회였다고 생각합니다.

Chapter Point

직업 선교의 다섯 가지 유형 중 4, 5유형이 풀뿌리 선교 모델에 해당한다. 선교인이란 선교사라는 정체성을 가지지 않으면서 전문 직업인으로서 타문화에 그리스도를 전하는 사람들이다.

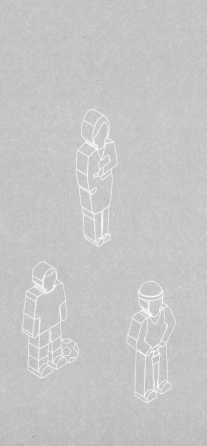

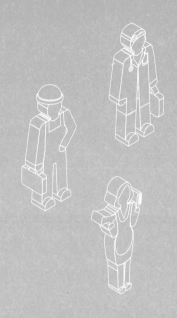

Chapter 7.
풀뿌리 선교의 사역적 전문성

1. 사역적 전문성의 필요

앞에서 사역적 전문성에 대해서 여러 번 말씀드렸는데 이번 장에서는 사역적 전문성에 대해 구체적으로 다루도록 하겠습니다. 앞 장에서 4유형 선교인과 5유형 선교인에 대해 설명할 때 4유형 선교인과 5유형 선교인의 경우 사역에 대한 기대가 낮다고 말씀드렸습니다. 그것은 일반적으로 그렇다는 것이지 모든 4유형, 5유형 선교인의 사역에 대한 기대가 낮다는 말은 아닙니다.

그렇게 말씀드린 이유는 우선 4, 5유형 선교인은 후원받지 않고 가족의 생활비와 자녀 양육비, 그 외 필요한 사역 비용을 모두 본인이 부담해야 하는 자비량 선교를 해야 하기 때문입니다. 그렇다면 전적으로 후원받으며 사역하는 1, 2, 3유형 선교사에 비해서 시간적으로 사역적 전문성을 갖추기가 쉽지 않다는 점에서 그렇게 말한 것입니다.

앞에서 4, 5유형 선교인을 A, B, C로 세분한 것은 사역에 사용할 수 있는 시간의 가용 여부에 따른 것이지만, 이를 다른 말로 하면 사역적 전문성과도 관련됩니다. 그러므로 주로 4, 5유형 선교인으로 표현될 수 있는 풀뿌리 선교인이라고 해서 꼭 사역적 전문성이 낮다고만은 할 수는 없습니다.

종종 풀뿌리 선교 사역에 관심 있는 분들과 만나 대화하다 보면 이들 가운데 자신이 사역적 전문성이 낮다는 것을 인정하는 경우가 많습니다. 그래서 사역적 전문성을 위해 신학 공부를 생각하는 분도 많습니다. 저는 신학 공부가 풀뿌리 선교 사역에 반드시 필요하다고는 생각하지 않습니다.

저는 신학을 공부하지 않았습니다. 대학교와 대학원에서 경영학을 공부했으며, 대학에서 학생들에게 회계학을 가르쳤습니다. 그러다가 인도네시아 선교사로 가게 되었는데, 인도네시아 정부는 선교사 비자를 주지 않기 때문에 저는 인도네시아에서도 교수 비자를 받아 체류하고 사역도 했습니다.

인도네시아에 선교사로 가기 전, 신학 공부를 하거나 목사 안수를 받고 가는 것에 대해 고민한 적이 있습니다. 그래서 그곳에 선교사로 먼저 가 있던 선배에게 이런 고민에 대해 조언을 구했습니다. 그런데 그 선배 선교사는 제게 그럴 필요가 없다고 말해 주었습니다. 저는 그 선배의 조언을 받아들였습니다. 그 선배는 제가 신학 공부를 하지 않고 목사 안수도 받지 않았지만, 이미 세무 대학에서 교수로 있으면서 학생들을 전도하고 제자 양육을 하며 기독 학생회를 인도하고 있다는 사실을 잘 알고 있었기 때문에 제게 그런 조언을 한 것입니다.

사역적 전문성을 높이는 것이 반드시 신학 공부하는 것을 전제하는 것은 아닙니다. 더 중요한 것은 사역적 전문성이 어떤 것이며,

어떤 단계가 있고, 자신이 생각하는 사역에 따라 어떤 준비를 해야 하는지를 잘 아는 것입니다.

10년 전 직업 선교를 위해서 애쓰는 선교 지도자들이 모여 텐트 메이커 포럼이라는 것을 한 적이 있습니다. 그때 텐트 메이커들의 직업적 전문성과 사역적 전문성을 높일 필요가 있다는 결론을 내리게 되었고, 이를 위해 직업적 전문성과 사역적 전문성을 평가하기 위한 설문지를 만드는 작업을 한 바 있습니다. (풀뿌리 선교를 하는 이들에게는 직업적 전문성이 굳이 필요 없을 것 같아 이 책에서는 사역적 전문성만을 다루도록 하겠습니다.)

텐트 메이커의 사역적 전문성 평가를 위해 준용한 평가 기준이 있습니다. SIL(Summer Institute of Linguistics)에서 발간된 「Language Acquisition Made Practical」(LAMP)이라는 책에서 제안한 언어 평가 단계입니다. LAMP에서는 외국어를 배우는 사람들의 언어 능력을 여섯 단계로 나누어 설명하고 있습니다. 여섯 단계는 다음과 같습니다.

0단계: 여행객 언어 수준

보통의 여행객들은 적으면 서너 개, 많으면 50개 정도의 단어를 알고 아주 기본적인 의사소통만 하며 다니는데, 이와 같은 수준을 말한다. 이 단계에서는 현지인과 의미 있는 의사소통은 전혀 되지 않는다고 보아야 한다.

1단계: 생존 언어 수준

시장에 가서 자기가 원하는 물건을 구입하고 가격을 깎을 수 있는 단계를 말한다. 숙소를 예약할 수 있고, 택시를 타고 목적지까지 갈 수 있는 단계를 말한다. 하지만 이 단계에서 전화를 받기는 어렵다. 사용하는 문법의 정확도가 떨어져서 단어를 그저 조합하는 정도로 대화한다. 1단계에서는 여전히 실수를 많이 한다. 하지만 0단계와는 수준이 다른 의사 전달을 할 수 있다.

2단계: 일반적인 직장 생활이 가능한 수준

현지 언어의 기본적인 문법을 이해하는 수준이다. 현지인으로부터 오는 전화를 받을 수도 있고 회의에 참석해서 무슨 말이 오고 가는지도 이해할 수 있다. 직원을 뽑을 수도 있고 자기의 의사도 명확하게 표시할 수 있다. 하지만 2단계에서는 전문 지식을 충분히 조리 있게 설명하지는 못한다.

3단계: 자신의 전문 지식을 전달할 수 있는 수준

이 수준이 되면 자신의 생각을 사람들에게 충분히 전달할 수 있다. 여기에서 자신의 생각이란 전문 영역을 포함한다. 다음에 설명하게 될 4단계도 자유롭게 의사를 표시하고 전문 지식을 전달할 수 있지만, 3단계에서는 여전히 문법적으로나 어휘력에서 제한적이다. 만약 전공 분야의 보고서를 쓴다면 현지인 언어 조력

자가 필요하다.

4단계: 현지인 전문가가 구사하는 언어를 구사하는 수준

이 단계에서는 거의 어려움이 없이 자신의 생각을 전할 수 있다. 현지인들이 생각할 때, 외국인치고는 현지어를 정말 잘한다고 느끼는 수준을 말한다. 문법도 거의 틀리지 않으며 어휘력도 상당하다. 어떤 면에서는 일반적인 교육을 받은 현지인들보다 훨씬 현지어를 잘한다고 느낄 수 있다.

5단계: 원어민과 동일한 수준

이 단계는 고등 교육을 받은 원어민과 동일한 수준이다. 자신이 외국인이라고 밝히지 않는 한 현지인들이 그를 외국인이라고 생각하지 못하는 수준을 말한다. 하지만 20세가 넘어서 외국어를 배우는 경우에는 거의 이 단계까지는 도달하기가 어렵다.

아마 여러분 가운데 이처럼 현지어 구사 능력에 여섯 단계가 있다는 사실을 처음 알게 된 분도 있을 것입니다. 이것은 앞 장에서 말씀드린 직업 선교의 다섯 가지 유형에서 현지어 구사 능력을 언급할 때 말씀드린 바 있습니다. 레벨 1+ 혹은 레벨 2+라고 언급한 경우를 기억하실 것입니다. 레벨 1+라는 말은 레벨 1과 레벨 2 사이라는 의미이고, 레벨 2+라는 말은 레벨 2와 레벨 3 사이라고 보시면 됩니다.

2. 사역적 전문성의 다섯 단계

선교사의 사역적 전문성을 다섯 단계로 나누어 보았습니다.

0단계: 사역적 전문성이 전혀 없는 단계

사역적 전문성이 전혀 없는 단계를 말한다. 개인적으로 자신이 그리스도를 따르는 신앙에 대해서는 확신하지만 아직 다른 이들에게 그리스도를 전하는 복음 전도는 할 수 없는 단계를 말한다.

1단계: 개인 전도가 가능한 단계

자신이 가지고 있는 그리스도에 대한 신앙을 주변 사람들에게 설명할 수 있는 단계를 말한다. 그리스도를 믿는 기본적인 신앙을 쉬운 말로 설명할 수 있고 복음을 전할 수 있는 다양한 방법을 알고 있는 단계이다. 이 단계에 해당하는 사람들은 아직 개인 양육이나 소그룹 인도를 하기는 어렵다.

2단계: 양육이 가능한 단계

그리 길지 않은 기간 동안 제자 훈련이나 양육이 가능한 단계를 말한다. 우리가 누구에게 복음을 전했다면 최소한 몇 주 동안 그를 양육해야 한다. 만약 우리가 기독교에 열린 지역에 있지 않거나 교회를 포함한 현지 교인들의 공동체를 찾기 어려운 경우에는 더욱 그렇다. 양육은 복음을 받아들인 사람이 혼자서도 성경을 공부할 수 있도록 개인 성경 공부(Personal Bible Study, PBS) 방법을 알려 주어야 한다.

3단계: 그룹 바이블 스터디를 인도할 수 있는 단계

3단계부터는 개인적인 양육이 아니라 그룹으로 양육을 하게 된다. 이때 사역자에게 가장 중요한 것은 그룹 바이블 스터디를 인도할 줄 아는가이다. 그룹 바이블 스터디(Group Bible Study, GBS)란, 성경의 어떤 본문이든 그룹에게 성경을 가르칠 수 있도록 적절한 질문을 뽑아 낼 수 있는 사역적 능력을 말한다. 나는 개인적으로 목회자든 선교사든 평신도든 이 사역 능력이 있는지를 확인하는 것이 중요하다고 생각한다.

4단계: 신자들의 공동체를 인도할 수 있는 단계

개인적인 양육이나 제자 훈련뿐만 아니라 공동체에서 설교가 가능하며 조직이나 단체를 운영할 수 있는 영적 리더십을 발휘하는 단계를 말한다. 이 단계의 사역자는 체계적인 기독교 교리와 관련한 변증이 가능하다. 또한 재생산이 가능한 현지 전문 사역자를 양성하는 단계이기도 하다. 신학적인 소양도 있어야 하고 현지의 주요 종교에 대한 이해도 깊어야 한다.

여기에 제시한 다섯 단계를 통해 여러분은 사역적 전문성에 대해서 어느 정도 이해하셨으리라 생각합니다.

풀뿌리 선교에 있어 사역적 전문성을 갖추는 것은 중요합니다. 그러나 선교가 타문화라는 상황에서 그리스도를 증거하는 것이라고 한다면 풀뿌리 선교를 하는 모든 성도에게 타문화에 대한 이해는 반드시 필요합니다. 저는 많은 사역지에서 사역적 전문성은 높으나 타문화에 대한 이해가 부족해서 사역의 열매를 맺지 못하는 선교사들을 보았습니다.

풀뿌리 선교도 마찬가지입니다. 우리는 사도행전 11장을 통해 유대인이었던 흩어진 사람들이 안디옥에서 헬라인들에게 복음을 전할 때 유대식이 아니라 헬라인들의 종교적 상징을 차용하여 전하는 방식으로 수많은 사람이 주님에게 돌아온 결과를 보았습니다. 이미 2,000년 전 행해지던 풀뿌리 선교 모델에도 선교가 타문화 사역이라는 인식이 분명히 있었습니다.

타문화를 이해하기 위해서는 먼저 문화가 무엇인지를 분명하게 이해해야 합니다. 선교에서 문화 혹은 타문화라고 할 때 '문화'(culture)는 '자연'(nature)에 대응하는 말로, 인간의 손이 닿은 모든 것을 의미합니다. 예를 들어, 산이나 들에 있는 나무는 자연에 속합니다. 하지만 사람들이 그 나무를 캐어 자기 집 앞에 심고 가꾸는 것은 문화 영역에 속합니다.

문화에 대한 복잡한 정의가 있지만 아주 쉽게 말하면 문화란, 게임 규칙과 같습니다. 마치 같은 게임이라도 동네마다 규칙이 다를 수 있는 것처럼 문화도 다르다는 인식이 전제되어야 합니다. 문화를 예술로 오해하는 분들이 간혹 있습니다. 문화를 이해하는 것이 쉽지 않은 이유는 문화가 포함하는 분야가 매우 광범위하기 때문입니다.

로이트 콰스트는 문화를 네 가지 층으로 설명하고 있습니다.

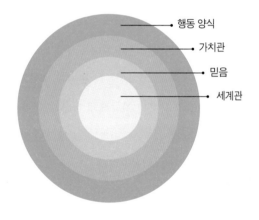

위 동심원 가장 바깥에는 행동 양식이 있습니다. 행동 양식이란, 사람들이 행동하는 모든 것을 말합니다. 다른 문화에서 어떻게 인사하는지, 식사할 때 손으로 먹는지, 수저로 먹는지, 포크와 나이프를 사용하는지, 방에 들어갈 때 신을 신고 들어가는지 신을 벗고 들어가는지, 양말은 신는지 아니면 맨발로 들어가는지, 악수할 때 남자가 여자에게 먼저 손을 내미는지, 여자가 남자에게 먼저 손을 내미는지 등을 말합니다.

이런 행동 양식에 관한 것이 복잡해 보이지만 이런 것들은 며칠만 지나면 쉽게 알 수 있고, 따라서도 할 수 있습니다. 하지만 행동양식보다 동심원 안쪽에 있는, 가치관은 쉽게 이해되지도 않고 관찰하기도 어렵습니다. 예를 들어, 한국 문화에서 가장 중요한 가치는 나이입니다. 하지만 나이라는 가치를 존중하지 않는 문화에서 온 사람들은 우리가 1년 혹은 2년 선배에게 꼼짝 못하는 것을 이해하지 못합니다. 인도네시아에서는 체면이 매우 중요한 가치입니다. 이런 곳에서는 어떤 사람이 설령 잘못했다고 해도 다른 사람들 앞에서 그의 잘못을 지적하는 것은 매우 부적절하며 후에 큰 문제를 일으킬 수 있습니다. 가치관은 아주 오랫동안 관찰해야만 알게 되는데, 이에 관한 책을 읽거나 그 문화에 정통한 선배에게 배워야만 합니다. 만약 그렇게 하지 않으면 혹독한 대가를 치른 후에 배우게 됩니다.

가치는 그 문화에 속한 사람들이 어떤 믿음을 가지고 있는가에 의해 결정됩니다. 예를 들어, 이슬람 문화권에서는 접대(hospitality)가 매우 중요한 가치인데, 그것은 집에 온 손님을 알라가 보내신 천사라고 여기는 믿음 때문입니다. 심지어 매우 중요한 일이 있어도 집에 온 손님 접대를 소홀히 할 수 없기 때문에 그 중요한 일을 미루기도 합니다.

그러나 무엇보다 중요한 것은 세계관입니다. 세계관이란, 그 문화 안에 있는 사람들이 세상을 보는 눈입니다. 세상은 어떻게 만들어졌는지, 우리의 삶과 죽음은 어떻게 설명될 수 있는지, 심지어 우리가 죽은 후에는 어떻게 되는지에 대한 이해와 생각을 세계관이라고 할 수 있습니다. 이런 세계관에서 믿음이 나오고, 믿음에서 가치관이 나오며, 가치관을 배경으로 사람들이 행동하게 됩니다.

4. 최악의 풀뿌리 선교의 사례

「바이끄 이야기」에 나오는 풀뿌리 사역의 사례는 그야말로 모든 일이 선을 이루는 아름다운 과정을 보여 줍니다. 하지만 풀뿌리 선교의 좋은 사례가 될 뻔했는데, 오히려 나쁜 결과를 가져온 사례도 많습니다.

●모 교수 이야기

10년 전 수도권에 있는 모 대학교 기독 연합 모임에서 종강 예배 때 말씀을 전한 적이 있습니다. 그곳에서 들은 이야기입니다.

홀륭한 그리스도인으로서 대학교에서 공학을 가르치는 한 교수님의 연구실에는 다양한 나라에서 유학 온 학생들이 있었는데, 그 가운데 파키스탄에서 온 무슬림 학생이 있었습니다. 그 학생은 졸업이 다가오자 지도 교수에게 부탁을 하나 했습니다. 졸업식에 가족이 올 예정인데 아마도 호텔에 묵기에는 경제적으로 어려움이 있었던 모양입니다. 그래서 혹시 무료로 머물 수 있는 곳이 있는지 지도 교수에게 물었습니다. 그 교수는 캠퍼스에서 가까운 교회를 다니고 있었는데, 마침 그 교회 안에 선교사들에게 제공되는 게스트 하우스가 있어서 그 학생이 무료로 사용할 수 있도록 주선해 주었습니다.

거기까지는 좋았습니다. 문제는 그 교회 담임 목사님이 무슬림 학생 가족이 게스트 하우스에 머무는 동안 새벽 예배에 반드시 참석해야 한다는 조건을 붙인 것입니다. 게스트 하우스를 무료로 사용하도록 주선해 주었다는 이야기를 들을 때까지는 제 얼굴에 미소를 띠었습니다. '뭔가 좋은 이야기가 진행되겠구나' 하는 기대가 있었으니까요. 하지만 그들을 새벽 기도회에 참석하도록 했다는 이야기를 듣는 순간 저는 너무 놀라서 갑자기 얼굴에 경련이 날 지경이었습니다.

● 돼지고기를 먹어야 참된 기독교 신앙?

이런 이야기도 들었습니다. 로스앤젤레스에 있는 한인 교회에서 선교 강의를 하는 동안 그 교회 선교부 목사와 대화할 기회가 있었습니다. 그 목사는 미국에서 목사 안수를 받기 전 젊은 나이에 중앙아시아의 U국에서 얼마 동안 살았다고 합니다. (그 사건이 일어났을 때 목사가 아니었기에 저는 그 목사를 L 형제라고 부르겠습니다.) L 형제는 U국의 젊은이들과 친구가 되었고, 자연스럽게 예수님에 관해서 이야기하는 등 전도할 기회를 가질 수 있었던 모양입니다.

그리고 마침내 하나님의 은혜로 무슬림 친구들 가운데 한 명이 주님을 믿기로 결심했습니다. L형제는 그 무슬림 친구가 진짜로 새로운 신앙을 갖게 되었는지 확인하고 싶었던 모양입니다. 그 다음날 L형제는 예수를 믿기로 한 무슬림 친구에게 돼지고기를 먹어보라고 했습니다. 많은 분이 아시는 것처럼 무슬림은 '하람'(haram)이라고 해서 돼지고기를 절대로 먹지 않습니다. 그러니 만약 어떤 사람이 전에는 신앙적인 이유로 먹지 않던 돼지고기를 먹는다면 그가 가지고 있던 신앙을 버리고 새로운 신앙을 갖게 되었다고 생각할 수도 있겠지요.

하지만 이것은 좀 더 생각해 보아야 하는 문제입니다. 오랫동안 먹지 않던 음식을 신앙을 바꾸었다는 이유로 갑자기 먹는 것은 쉽지 않은 일입니다. 인도네시아 사람들은 꼭 신앙적인 이유가 아니라 단순히 한 번도 먹어 보지 못했다는 이유로 생선회를 먹지 못합니다. 저는 불교를 믿는 가정에서 태어나 개고기를 먹으면 안 된다는 분위기 속에서 자랐기 때문에 커서도 보신탕을 먹는 것이 쉽지 않습니다. 어린 시절부터 소고기를 먹는 것은 큰 죄라고 배우며 자란 힌두교 출신의 인도 기독교인이 단순히 예수 그리스도를 믿기 시작했다는 이유로 소고기를 자연스럽게 먹게 되기는 쉽지 않을 것입니다. 많은 경우 음식에 관한 문제는 단순한 종교 이상일 수 있습니다.

앞에서 바이끄가 그리스도인이 되는 데 영향을 끼친 양동철 형제가 무슬림 친구들을 집으로 초대하기 위해서 무슬림 친구들에게 돼지고기 요리를 대접하지 않은 것은 물론이고, 평소에도 집에서 돼지고기 요리를 하지 않았다는 이야기를 드렸습니다. 양동철 형제의 이런 자세는 사도 바울이 고린도전서에서 우리에게 권면하는 내용과 일치합니다. 고린도전서 9장에서 사도 바울은 복음을 전하는 사람은 복음을 받아들이는 사람처럼 되어야 한다고 권하고 있습니다. 즉 우리는 자유롭게 돼지고기를 먹을 수 있으나 무슬림들에게 다가가기 위해서 돼지고기를 먹지 않거나 절제할 수 있어야 한다는 말입니다.

또한 사도 바울은 고린도전서 7장에서 어떤 사람들이 복음을 받아들였다는 이유로 자신이 가지고 있었던 상태를 변화시킬 필요는 없다고 분명히 말하고 있습니다. 따라서 앞의 경우와 관련해서 말씀드린다면 어떤 무슬림이 그리스도를 만나게 되었다는 이유로 돼지고기를 반드시 먹어야 하는 것은 아니라는 뜻이지요.

이것이 어디 음식에 관해서만 국한되는 이야기겠습니까. 예를 들어, 하루에 다섯 번 기도하던 무슬림이 주님을 만났다는 이유로 이슬람을 믿던 시절에 하나님에게 드리던 다섯 번의 기도를 꼭 그만두어야 하는 것은 아닙니다. 이런 문제들에 대해서 풀뿌리 선교를 하는 사람들도 전문적인 선교사 못지않은 지식과 실천의 의지가 필요합니다.

5. 다윗의 물맷돌처럼

사무엘상 17장에는 다윗이 골리앗과 맞서 싸워 이기는 이야기가 나옵니다. 아직 군대를 가지 못할 정도로 어린 나이인 다윗과 군대에서 오랜 시간을 보낸 골리앗의 대조도 흥미롭지만, 다윗과 골리앗이 가지고 나온 무기의 극명한 대조가 우리를 더욱 흥분하게 만듭니다.

골리앗은 갑옷으로 완전 무장을 한 상태였고, 다윗은 자신이 목동으로서 양을 지킬 때 사용하던 물맷돌 다섯 개가 전부였습니다.

평범하다 못해 조악해 보이는 무기로 다윗은 골리앗을 죽이고 이스라엘 군대가 승리를 차지하는 원동력을 제공합니다.

그런데 우리가 주목해야 할 부분은 다윗의 무기가 다윗에게 매우 익숙한 것이었다는 점입니다. 그는 어릴 때부터 집에서 기르는 양을 돌봐 왔습니다. 들판에 있는 양에게 가장 위험한 것은 굶주린 늑대나 곰 같은 야생 동물입니다. 굶주린 야생 동물이나 새끼를 기르는 암컷은 사람을 두려워하지 않습니다. 그러니 다윗은 양을 보호하기 위해 물맷돌 던지는 연습을 엄청나게 많이 했을 것입니다.

물맷돌로 양에게 달려드는 야생 동물을 잡는 것은 쉬운 일이 아닙니다. 야생 동물들은 움직이는 표적이기 때문입니다. 움직이는 표적을 잡기 위해서는 그 움직임을 잘 예상해야만 합니다. 그리고 한 번에 잡아야 합니다. 그렇지 않으면 다시 돌을 장전하는 동안 야생 동물은 이미 양을 낚아채서 달아날 것입니다.

그런 야생 동물에 비하면 완전 무장하고 거들먹거리며 나타난 골리앗은 움직이지 않는 쉬운 표적입니다. 골리앗은 심지어 면적이 아주 넓은, 맞히기 좋은 표적이었습니다. 최근에 「티핑 포인트」(*The Tipping Point*, 김영사 역간)라는 책으로 공전의 히트를 친 말콤 글래드웰이라는 작가는 「다윗과 골리앗」(*David and Goliath: Underdogs, Misfits, and the Art of Battling Giants*, 김영사 역간)이라는 책에서 골리앗이 거인증을 앓고 있었으며, 거인증의 증상 중 하나인 시력 저하가 있었을 것이라고 주장하기도 했습니다. 만약 글래드웰의 주장이 맞다면 다 윗에게 면적이 크고 앞이 잘 안 보이는 채로 서 있는 골리앗이라는 표적은 일반 야생 동물에 비해 적어도 10배 정도는 쉬운 표적이었 을 것입니다.

저는 지금 '백전백승하려면 적을 알고 나를 알아야 한다'는 그 흔 한 이야기를 하려는 것이 아닙니다. 다윗은 물맷돌을 자기 신체의 일부처럼 생각할 정도로 잘 사용했습니다. 그리고 표적도 굉장히 쉬워 보였습니다. 그래서 다윗은 사울 왕에게 이렇게 말합니다.

어떤 사람이 다윗이 한 말을 듣고 그것을 사울에게 전하였으므 로 사울이 다윗을 부른지라 다윗이 사울에게 말하되 그로 말미암 아 사람이 낙담하지 말 것이라 주의 종이 가서 저 블레셋 사람과 싸우리이다 하니 사울이 다윗에게 이르되 네가 가서 저 블레셋 사 람과 싸울 수 없으리니 너는 소년이요 그는 어려서부터 용사임이 니라 다윗이 사울에게 말하되 주의 종이 아버지의 양을 지킬 때 에 사자나 곰이 와서 양 떼에서 새끼를 물어 가면 내가 따라가서 그것을 치고 그 입에서 새끼를 건져 내었고 그것이 일어나 나를 해하고자 하면 내가 그 수염을 잡고 그것을 쳐 죽였나이다 주의 종이 사자와 곰도 쳤은즉 살아 계시는 하나님의 군대를 모욕한 이 할례받지 않은 블레셋 사람이리이까 그가 그 짐승의 하나와 같이

되리이다 또 다윗이 이르되 여호와께서 나를 사자의 발톱과 곰의

발톱에서 건져 내셨은즉 나를 이 블레셋 사람의 손에서도 건져 내

시리이다 사울이 다윗에게 이르되 가라 여호와께서 너와 함께 계

시기를 원하노라(삼상 17: 31-37).

다윗은 물맷돌을 던지는 데에 달인이었습니다. 〈생활의 달인〉
이라는 프로그램을 보면 기가 막힌 달인들이 나옵니다. 오토바이를
타고 신문을 돌리는데 던지는 족족 백발백중 정확도를 자랑하는 달
인, 트럭에서 타이어를 아래로 던지면 정해진 위치로 굴러가 쌓이
게 하는 달인, 눈에 잘 보이지도 않는 흠집을 기가 막히게 골라내는
달인 등 자신이 하는 일에서 한 번의 실수도 용납하지 않는 사람들
입니다. 이들처럼 다윗은 자신이 하는 일에 달인이었습니다.

OMF를 만든 허드슨 테일러 선교사는 중국에서 6년간의 사역
을 마치고 아픈 몸으로 본국에 왔을 때, 주님으로부터 다시 중국으
로 돌아가라는 음성을 들었습니다. 그는 중국 11개 성에 보낼 22명
의 선교사를 허락해 달라고 하나님에게 구하면서 역대상 28장 20,
21절 말씀을 묵상했습니다.

또 그의 아들 솔로몬에게 이르되 너는 강하고 담대하게 이 일을

행하라 두려워하지 말며 놀라지 말라 내가 여호와의 성전 공사의

모든 일을 마치기까지 여호와 하나님 나의 하나님이 너와 함께 계
시사 네게서 떠나지 아니하시고 너를 버리지 아니하시리라 제사
장과 레위 사람의 반이 있으니 하나님의 성전의 모든 공사를 도울
것이요 또 모든 공사에 유능한 기술자가 기쁜 마음으로 너와 함께
할 것이요 또 모든 지휘관과 백성이 온전히 네 명령 아래에 있으
리라.

이 말씀은 다윗 왕이 죽기 전 아들 솔로몬에게 자기가 평생 동
안 가장 하고 싶었던 일을 부탁하는 장면입니다. 다윗 왕은 하나님
의 전을 짓고 싶어 했습니다. 하지만 하나님은 선지자를 통해 다윗
왕이 아닌, 그 아들 솔로몬이 성전을 짓도록 하셨습니다. 다윗 왕은
그렇다고 아무 일도 하지 않은 것이 아닙니다. 그는 아들 솔로몬이
성전을 지을 수 있도록 많은 준비를 합니다. 성전의 재료도 모으고
성전을 지을 사람들도 준비해 두었습니다.

다윗 왕이 아들 솔로몬에게 성전을 지을 기술자들을 소개하며
이 사람들은 "유능하고 기쁜 마음으로 섬기려는 사람들이라"고 말
합니다. 그렇습니다. 어떤 일에든 유능한 사람들이 필요합니다. 그
리고 기쁜 마음을 가진 사람들도 필요합니다. 기쁘게 섬기고 싶어
하는데 유능하지 못하면 큰 도움이 되지 못합니다. 선교사로 부름
받은 사람들은 무엇인가를 위해서 부름받은 사람들입니다.

영성을 매우 강조했던 허드슨 테일러도 늘 선교사들에게 이렇게 말했습니다.

내게 무엇을 할 것인가를 말하지 말고, 무엇을 했는지를 말해 주세요.

선교사는 하나님이 예수님의 지상 명령을 성취하기 위해 부르신 사람들입니다. 우리는 사역에 있어서 성과를 내도록 부름받은 사람이라는 것을 결코 잊지 말아야 합니다.

Chapter Point

풀뿌리 선교를 한다는 것이 사역적 전문성이 낮은 것을 의미하지는 않는다. 자신이 생각하는 사역에 따라 어떤 준비를 해야 하는지 잘 아는 것이 중요하다.

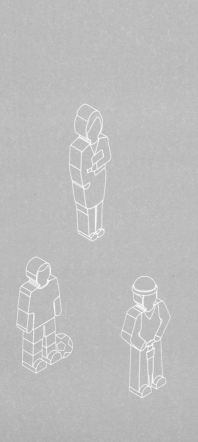

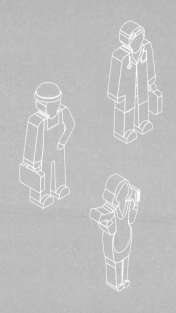

Chapter 8.
풀뿌리 선교의 시대적 요청

1. 시의적절한 풀뿌리 선교

저는 아무리 생각해 보아도 풀뿌리 선교는 지금 우리가 살아가는 이 시대의 요청이라 생각합니다. 그래서 책 제목에 '시의적절하고' 라는 단어를 넣은 것입니다. 그렇게 생각하는 이유는 2차 세계 대전이 끝난 후 지난 70년 동안 선교적 상황이 변했기 때문입니다. 우리가 선교를 생각할 때 이런 상황 변화를 반드시 고려해야 하는데, 저는 다음과 같이 네 가지 선교적 상황 변화를 살펴보려고 합니다.

2. 기독교 선교에 대한 세계적인 저항

1910년 스코틀랜드 에든버러에서 열린 세계 선교 대회에서 서구의 많은 선교 단체와 교회는 20세기 안에 세계가 복음화될 것이라고 굳게 믿었습니다. 그 선교 대회의 모토는 "우리 세대에"(In Our Generation)였습니다. 즉 그 대회에 참가한 분들 세대에 세계 복음화를 이루자는 것입니다.

그 대회에서 그런 구호를 외친 데는 충분한 근거가 있었습니다. 1790년부터 본격적으로 시작된 서구 교회들의 선교 성과는 괄목할 만한 것이었습니다. 선교사들은 몇 개월씩 배를 타고 아시아와 아프리카로 가서 죽음을 두려워하지 않고 담대히 복음을 전했습니다. 그 결과 전 세계적으로 기독교 신앙이 전파되고 많은 교회가 세워졌습니다.

하지만 에든버러 선교 대회가 열린 지 10년이 지나지 않아 서구 교회들이 전혀 기대하지 않은 일들이 일어났습니다. 1914년에 발발한 1차 세계 대전, 그리고 1936년에 발발한 2차 세계 대전은 수백만 명이 서로 죽이는 비인간적인 만행이었으며, 자신들이 믿고 있던 기독교 신앙에 대해서 근본적인 회의가 생기게 되었습니다. 그 이후 서구 교회들은 점차 쇠락하기 시작했습니다.

하지만 새로운 변화들도 나타나기 시작했습니다. 2차 세계 대전 이후 피식민지들이 독립하기 시작한 것입니다. 이전에 선교사들은 대부분 자기 나라 정부가 경영하는 식민지로 가거나 아니면 이웃 나라의 식민지로 자유롭게 진입할 수 있었습니다. 하지만 독립한 나라로 들어가려면 입국 비자를 받아야 하는데, 선교사들이 입국 비자를 받는 문턱이 높아진 것입니다.

아시아와 아프리카의 많은 나라에서 독립과 동시에 과거 서구 세력에 의해 약화되었던 민족 종교들이 부활했습니다. 민족 종교들의 입장에서 본다면 서구의 기독교 선교는 자신들의 문화와 정체성을 말살하는 가장 대표적인 파괴 세력이라고 할 수 있습니다. 따라서 선교사들에게 비자를 주는 일을 극도로 꺼리게 되었습니다.

선교사의 입국을 허락하는 경우에도 의료, 교육, 사회 사업 등 종교와 무관한 분야에 한해서만 비자를 주었습니다. 무슬림이 전체 인구의 80퍼센트가 넘는 인도네시아는 선교사 비자를 주지 않는 대표적인 나라입니다. 인도네시아에서는 선교사 비자를 주지 않지만 선교사들이 대학에서 강의를 하는 경우에 교수 비자를 내줍니다. 저도 선교사 비자가 아니라 교수 비자를 받고 인도네시아에 입국할 수 있었습니다.

랄프 윈터 박사는 이런 상황에 대해 "믿을 수 없는 25년(1945-1969) 동안 서구 여러 나라는 비서구 나라의 5퍼센트를 제외한 모든 나라에 대한 통제권을 잃어버렸다. 20세기 후반에 수십 개의 나라가 독립을 선언하고 정부를 수립했으며 유엔에 가입했다. 이들 대부분 지역에서 선교사들은 우월한 위치에서 사역하는 것을 포기해야 했다"고 말했습니다.

3. 세계적인 도시화

오늘날 많은 사람이 도시에 살고 있으며, 전 세계적으로 도시화가 매우 빠른 속도로 이루어지고 있습니다. 앞으로 20년 안에 도시 인구는 20억 명이 증가할 것이라는 예측도 있습니다. 2050년에는 전 세계 인구의 80퍼센트가 도시에 살게 될 거라고 예상합니다.

도시에 산다는 말은 단순히 삶의 장소가 지리적으로 바뀐 것을 의미하는 것이 아니라 생활 양식이 바뀐 것을 의미합니다. 이런 선교지의 도시화는 선교에도 큰 영향을 끼치고 있습니다.

우선 도시화가 선교에 끼치는 가장 큰 영향은 선교지의 생활비 증가입니다. 오늘날 웬만한 도시에서는 높은 임차료, 생활비, 자녀 교육비, 활동비 등이 증가하고 있습니다. 이런 급격한 도시화는 전통적으로 선교사들이 선교지에서의 원리로 생각해 왔던 성육신적 생활 방식을 고수하지 못하게 합니다.

그리고 도시화는 많은 외국인의 거주를 당연한 것으로 받아들입니다. 따라서 선교사들은 더 이상 외국인으로서의 존재감을 나타내기 어렵습니다. 서구 선교사들이 아시아로 오기 시작한 200년 전 아시아에는 식민 통치를 위해서 온 군대와 관리, 상사 주재원, 그리고 선교사들이 있었습니다. 하지만 오늘날 대부분의 도시에는 수많은 외국인이 여러 이유로 거주하고 있습니다. 여전히 이주가 빈번하지 않은 농촌이라면 선교사들은 몇 안 되는 외국인으로서 존재감이 있겠지만 도시에서 선교사는 더 이상 특별한 존재감을 드러내지 못합니다.

따라서 선교사들은 도시에서 이웃들과 접촉하기 위해 이전 선교사들이 하지 않았던 매우 창의적인 방법들을 사용하게 됩니다. 예를 들어, 50년 전에는 미국에서 일본으로 간 OMF 선교사들이 이웃에게 찾아가서 성경 공부를 하자고 제안하면 그들이 참여하곤 했습니다. 하지만 최근에 미국 선교사들은 먼저 이웃들과 친해지기 위해 영어 회화 교실이나 요리 교실 같은 것을 운영해야만 합니다.

한국에서 간 선교사들도 마찬가지입니다. 한국 선교사들이 '기무치 요리 교실'이나 '욘사마 비디오 방', 혹은 'K팝 교실' 등을 개설해서 이웃을 초대하고 친해지기 전에는 복음을 전하거나 성경 공부를 하자고 제안하지 않습니다. 원래 이런 창의적인 방법은 대부분 선교사 비자를 받을 수 없는 나라에서 사용하는 것으로만 여겼는데, 이제는 선교사 비자를 받아 입국할 수 있는 개방된 지역에서도 이런 방법을 사용하게 되었습니다. 따라서 도시화는 모든 선교 지역을 창의적 접근 지역으로 만들고 있습니다.

4. 세계 기독교 중심의 남진

지난 70년 동안 선교적 상황 가운데 일어난 가장 큰 변화는 기독교 중심이 북반구에서 남반구로 이동했다는 점입니다. 세계 기독교 중심이 남진했다는 "글로벌 사우스"라는 말은 문자적으로 지리적 중심의 이동을 말하는 것이 아니라 기독교 인구의 분포에 따라 말하

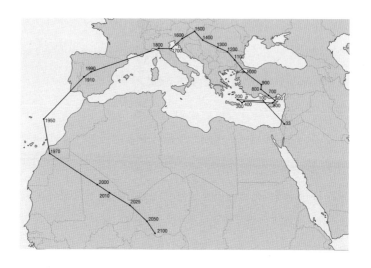

는 것입니다. 위 그림은 1910년에 있었던 에든버러 선교 대회 100
주년을 기념하여 2010년에 제작한 세계 기독교 중심의 이동을 나타
내는 상징적인 지도입니다.

　100년 전 기독교는 유럽이나 북미 백인들이 믿는 종교로 인식되
었습니다. 하지만 유럽과 북미 기독교인은 줄어드는 반면 아프리
카, 라틴 아메리카, 그리고 아시아의 기독교인은 현저히 증가하고
있습니다. 이것은 단순히 수적인 측면만이 아니라 신학적인 측면에
서도 많은 변화를 가져오고 있습니다. 이제 제3세계는 더 이상 선
교의 대상이 아닌 주체로서 역할을 감당하고 있습니다.

　예를 들어, 100년 전만 해도 아프리카 우간다 성공회는 영국 성
공회의 결정을 수행하는 정도의 역할을 했습니다. 하지만 얼마 전

성공회의 동성 결혼에 대한 결정이 아프리카 주교들에 의해서 거부되었습니다. 아프리카 성공회 교회들이 성공회의 본거지인 영국 성공회의 결정에 반기를 든다는 것은 100년 전에는 상상도 하지 못한 일입니다.

오늘날 신학계에서도 아지스 페르난도 같은 아시아 출신, 라민 싸네, 움비티 같은 아프리카 출신, 사무엘 에스코바 같은 라틴 아메리카 출신 신학자의 목소리가 높아지고 있습니다. '선교 한국'과 같은 선교 대회의 주강사로 20년 전만 해도 주로 영국이나 미국 선교사들과 목사들을 초청했습니다. 하지만 8년 전 '선교 한국'에서는 우간다 목사가 한국의 젊은이들을 향해 세계 선교에 동참하라고 호소하는 장면을 볼 수 있었습니다. 오늘날 브라질에서 파송한 선교사가 수만 명에 달하고, 인도는 미국 다음으로 타문화 선교사를 많이 파송한 국가로 인정받고 있습니다.

5. 세계적인 이주

지난 70년 동안 일어난 선교적 상황의 변화 가운데 가장 주목해야 할 것은 세계적인 인구의 이동입니다. 유엔 통계에 따르면 지난 30년 동안 여러 이유로 자기 고향을 떠난 사람의 수가 2억 5,000만 명에 달합니다. 어떤 이들은 정치적인 이유로, 어떤 이들은 경제적인 이유로, 어떤 이들은 더 나은 삶을 위해서, 또 어떤 이들은 유학이나 국제결혼을 통해서 고향을 떠나 타문화에 거주하는 일이 특별한 일로 여겨지지 않는 상황이 되었습니다.

우리나라 사람 가운데 해외에 거주하는 사람은 800만 명으로 추산됩니다. 이것은 남한 인구의 15퍼센트이며, 세계에서 가장 많은 해외 거주자를 갖고 있는 중국인 1억 명에 비해 절대치로는 적지만 비율로는 앞서는 수치입니다. 우리나라에 거주하는 외국인의 수는 이미 200만 명을 넘었다고 앞에서 언급한 바 있습니다. 이 가운데 직업 때문에 온 사람이 170만, 결혼해서 이주해 온 사람이 20만, 그리고 유학생이 18만 명입니다.

이런 상황에도 한국의 많은 교회는 여전히 40년 전과 같은 방식으로 선교사를 해외로 보내는 것만이 선교라고 믿고 있으며 일반 성도들이나 목회자들의 선교에 대한 인식도 이런 수준에 머물러 있는 경우가 많습니다. 이제 한국은 더 이상 단일 문화권이 아닙니다. 한국에 있는 외국인의 비율은 이미 전 인구의 5퍼센트를 넘었는데, 인류학자들은 이 정도 비율이면 한국은 이미 다문화 사회로 진입했다고 말합니다.

4년 전 제주도를 방문했을 때 제주도 안에만 한국 남자와 결혼한 베트남 여성이 7,000명에 달한다는 이야기를 듣고 깜짝 놀란 적이 있습니다. 제주도 전체 인구가 70만 명이라는 것을 고려하면 베트남 사람이 제주도 전체 인구의 1퍼센트에 달한다는 것은 실로 놀라운 일이 아닐 수 없습니다. (서귀포시에만 베트남에서 결혼을 통해 이주한 여성이 1,350명 있다고 합니다.)

여전히 많은 성도는 선교란, 매우 특별한 사역이며 특별한 사람들이 해외에 나가서 하는 사역이라 생각합니다. 그렇게 선교하는 동안 우리 주변에 와 있는 외국인들에 대해서는 별다른 관심을 보이지 않습니다. 이런 현상을 "종족 무지"(tribe blindness)라고 부릅니다. 다시 말해 타문화 사람들이 가까이에 와 있지만 그것을 의식하지 못하며 살아간다는 뜻입니다.

놀라운 것은 자기 동네나 자기 캠퍼스에 있는 외국인에 대해서는 관심이 없다가 비행기를 타고 외국에 가야만 선교를 한다고 생각하는 사람이 아직도 많다는 사실입니다. 몇 년 전 미국 남부의 한 한인 교회에서 선교에 대한 강의를 할 기회가 있었습니다. 강의를 마치고 성도들과 대화할 기회가 있었는데, 멕시코에 가서 열심히 봉사하지만 정작 자기 회사에서 일하는 멕시코 직원들에게는 관심이 부족한 것을 보았습니다.

이런 종족 무지 상태가 계속되는 한 일반 성도들의 선교에 대한 이해와 참여는 거의 없을 것입니다. 선교사만 파송하면서 한국이 '선교 대국'이라 말하는 것은 실상을 제대로 이해하지 못하는 일입니다. 세계적인 이주 현상은 복음을 듣지 못하는 지역 사람들이 우리 곁으로 오는 것만 아니라 복음을 듣지 못하는 지역으로 그리스도인들이 갈 가능성도 높아지는 것을 의미합니다. 대표적인 예가 앞에서도 언급한 바 있는 필리핀 여성들이 이슬람 지역에 가서 가정부로 일하며 그리스도를 증거하는 것입니다.

6. 풀뿌리 선교가 해답

앞에서 우리가 당면한 선교적 상황, 즉 세계적인 저항, 세계적인 도시화, 세계적인 이주, 세계 기독교 중심의 남진에 대해서 살펴보면서 전통적이고 제도적인 선교사 파송 중심의 선교가 얼마나 큰 도전에 직면하고 있는지를 보았습니다. 하지만 제도권 선교의 대안으로 이 책에서 제시하는 풀뿌리 선교는 이런 선교적 상황의 변화에 영향을 훨씬 덜 받습니다. 이 점을 네 가지 선교적 상황 변화와 관련하여 더 자세히 살펴보겠습니다.

● 선교에 대한 세계적인 저항 속에서의 풀뿌리 선교

첫째로 세계적인 저항의 문제를 살펴보겠습니다. 자국의 전통 종교의 영향으로 혹은 정치적인 문제로 선교사 비자를 주지 않는 나라가 늘고 있지만 이런 나라들 가운데 진정으로 취업하거나 사업하기 위해 입국하는 사람을 그리스도인이라는 이유로 제한하는 나라는 거의 없습니다. 따라서 선교사라는 정체성이 없는 일반 성도가 자신의 직업을 통해 타문화에서 그리스도를 증거하는 풀뿌리 선교에 대해서는 아직도 전 세계가 활짝 열려 있다고 할 수 있습니다.

● 세계적인 도시화에 적합한 풀뿌리 선교

둘째, 세계적인 도시화의 문제를 살펴보겠습니다. 제도권 선교사들의 생활비가 계속 올라가고 있으며 후원 교회들은 재정적 지원의 한계에 부딪히고 있습니다. 하지만 풀뿌리 선교는 진정한 의미에서 자비량 선교를 하기 때문에 이 문제를 극복할 수 있습니다.

도시화가 진행되면서 생기는 현지인과의 접촉 문제도 일상생활에 뿌리내리고 있는 풀뿌리 선교에서는 어려움이 없습니다. 풀뿌리 선교인들은 일상에서 현지인과 깊숙이 어울릴 수밖에 없습니다. 현지인들과 직장에서 만나야 하고, 학교에서 만나야 하고, 동네에서 만나야 합니다. 오히려 풀뿌리 선교인들은 도시에서 더 많은 기회를 얻을 수 있습니다. 앞에서 살펴본 사도행전에 등장하는 흩어진 사람들도 모두 안디옥 같은 대도시에서 많은 열매를 거둔 사실을 기억할 필요가 있습니다.

● 기독교 중심의 남진 상황에 적합한 풀뿌리 선교

셋째, 기독교 중심의 이동과 관련한 아시아와 아프리카 교회들의 선교 참여에 관해서도 풀뿌리 선교는 해답을 제시합니다. 아시아와 아프리카 교회라고 해서 모두 가난한 것은 아니지만 현재로서는 서구 교회들에 비해서 어려운 것이 사실입니다. 만약 아시아와 아프리카 교회들이 서구가 하던 대로 제도권 선교를 따라 한다는 것은 재정상 거의 불가능한 일입니다.

아래 표는 시기에 따라 파송국과 선교지의 경제력을 나타낸 것입니다. 서구 선교사들이 선교지로 가기 시작한 1820년에는 파송국과 선교지의 경제력 차이가 3 대 1 정도였습니다. 하지만 1992년에 그 차이가 71 대 1까지 된 것을 보면 아마도 2016년에는 100 대 1이 되었을 것으로 추측합니다. 물론 나라마다 다르겠지만, 이런 상황에서 선교사들이 경제적인 부분을 10분의 1, 심지어 100분의 1까지 줄여 사는 것은 거의 불가능해 보입니다.

1820년	3 대 1
1913년	11 대 1
1950년	35 대 1
1973년	44 대 1
1992년	71 대 1

최근에 경험한 세 가지 일이 저를 우울하게 만들었습니다. 하나는 몇 년 전 브라질에서 열린 세계 선교 동원가 모임(Global Mobilization Consultation)에 참여했을 때의 일입니다. 그곳에는 아프리카, 아시아, 라틴 아메리카 사람이 많이 모였는데, 그 가운데 볼리비아 목사가 자기 교인 한 명을 아프리카에 보낸 이야기를 해주었습니다. 문제는 우리가 50년 전에 한 것을 그대로 답습하고 있다는 사실이었습니다. 선교사에게 선교비를 어떻게 송금해야 하는지, 선교사들을 필드에서 어떻게 관리 감독해야 하는지, 선교사와 가족들을 어떻게 돌봐야 하는지에 대해 고민하고 있었습니다. 그런데 제가 볼 때는 거의 해답을 찾지 못하는 것 같았습니다.

또 하나는 캄보디아를 방문했을 때 보았던 경우입니다. 그곳에는 인도네시아 출신의 OMF 선교사가 있었습니다. 인도네시아에서 캠퍼스 사역을 한 저로서는 인도네시아에서 캠퍼스 사역을 경험한 인도네시아 사역자가 OMF를 통해 캄보디아 캠퍼스 사역을 한다고 하니 얼마나 반갑고 기뻤는지 모릅니다. 하지만 그가 인도네시아 사역자들이 일반적으로 받는 사역비의 거의 열 배에 가까운 후원금을 모금하고 있다는 소식을 듣고 무척 마음이 아팠습니다. 물론 인도네시아 교회나 후원자는 많지 않고 싱가포르나 다른 나라 교회들이 이 사정을 알고 후원금을 보내 주고 있어 후원 자체는 문제가 아닌 것처럼 보였지만 다시 한 번 제3세계 사역자들이 서구가

하던 선교를 따라 하는 것은 거의 불가능하다는 것을 느끼게 되는 순간이었습니다.

하지만 우리가 살펴보았듯이 필리핀 가정부들처럼 해외 취업을 통해서 나가는 형태의 풀뿌리 선교는 오히려 이런 어려운 상황을 돌파할 가능성이 높다고 할 수 있습니다. 풀뿌리 선교는 직업을 가지고 있으며 따로 후원이 필요하지 않습니다. 자녀 교육비를 위해서 고민할 필요도 없고, 은퇴 후를 걱정할 필요도 없습니다.

● 세계적인 이주 상황에 적합한 풀뿌리 선교

넷째, 세계적인 이주 시대야말로 풀뿌리 선교가 진행될 수 있는 더할 나위 없는 좋은 상황입니다. 역사적으로 로마 제국, 특히 서로마 제국 말기인 4세기 말과 5세기에 걸쳐 게르만족 대이동 시기에 기독교는 이주해 오는 게르만족 사이에 이미 널리 분포되어 있었습니다. 이들에게 복음을 전한 사람들은 풀뿌리 선교를 담당한 성도들이었습니다. 이것이야말로 로마 제국의 풀뿌리 선교가 성공한 좋은 예라고 할 수 있습니다.

이제 선교지와 피선교지의 구분이 모호해지는 상황에서 선교사라는 정체성을 가진 선교사들을 파송하는 제도권 선교보다는 풀뿌리 선교를 통해 모든 성도가 타문화로 가거나 타문화로부터 오는 사람들을 맞이하면서 그리스도를 증거하는 형태의 선교를 감당할 수 있는 시대가 되었습니다.

　이런 이유로 저는 풀뿌리 선교야말로 21세기에 달라진 선교 환경에 가장 적합한 선교 모델이라고 확신합니다. 문제는 그동안 엘리트 선교사를 파송하는 제도권 선교에 익숙한 교회와 성도들에게 풀뿌리 선교가 낯설다는 것입니다. 이를 위해 다음 장에서 몇 가지를 제안하고자 합니다.

Chapter Point

> 기독교 선교에 대한 세계적인 저항과 도시화, 세계 기독교 중심의 남진, 세계적 이주 등과 같은 선교적 상황의 변화에 따른 해결책은 풀뿌리 선교다.

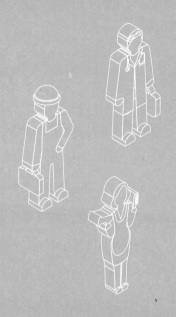

Chapter 9.
풀뿌리 선교의 확산을 위한 전제

1. 성도들의 이해

이제 풀뿌리 선교가 무엇인지에 대해서는 여러분이 충분히 이해하셨으리라 생각합니다. 풀뿌리 선교는 사상이나 이론이 아니라 실천해야 하는 선교 모델입니다. 문제는 풀뿌리 선교가 아직도 한국 교회에 매우 낯선 개념이라는 점입니다. 이제 풀뿌리 선교를 확산하기 위해서 우리에게 필요한 것은 무엇인지 생각해 보려고 합니다.

우선 풀뿌리 선교를 실천하기 위해서는 모든 성도가 선교적으로 사는 것이 준비되어야 합니다. 저는 그 모델을 사도행전 11장에 등장하는 흩어진 사람들에게서 찾고 싶습니다. 그들은 네 가지 면에서 풀뿌리 선교 모델이 될 만한 특징을 갖추고 있습니다.

> 그때에 스데반의 일로 일어난 환난으로 말미암아 흩어진 자들이 베니게와 구브로와 안디옥까지 이르러 유대인에게만 말씀을 전하는데 그중에 구브로와 구레네 몇 사람이 안디옥에 이르러 헬라인에게도 말하여 주 예수를 전파하니(행 11:19, 20).

● 매우 전염성 있는 그리스도인들

그들은 가는 곳마다 그리스도를 증거했습니다. 그들이 예루살렘에서 흩어지기 시작한 것은 핍박 때문이었습니다. 그리스도를 만나기 전, 사울과 그의 동료들은 그리스도를 따르는 사람들을 모두 없애 버리고자 했습니다. 사도행전 8장에서는 그들이 "교회를 잔멸했다"(행 8:3 참조)고 표현하고 있습니다. 뿐만 아니라 사도행전 9장 1, 2절에는 예루살렘에서 도망가는 흩어진 사람들을 잡아 오기 위해 유대교 리더들에게 허가증을 받아 해외까지 쫓아가는 사울과 그 일행의 모습이 나옵니다.

위와 같은 상황이라면 보통은 자기 목숨을 보존하는 데 급급했을 텐데 성경은 이런 사람들이 두루 다니며 복음을 전했다고 기록하고 있습니다. 그리고 사도행전 11장 19, 20절에도 이들이 안디옥에 도착해서 한 일은 유대인들에게 복음을 전하고, 이어 헬라인들에게도 복음을 전했다고 기록하고 있습니다. 저는 이런 사람들을 '전염성 높은 그리스도인'이라고 부르고 싶습니다.

아마 지난 3년만큼 우리에게 전염성이 무엇인지를 알려 주는 시기가 있었을까요? 전 세계 사람들이 모두 숨죽이고 거리를 두고 마스크를 쓰고 여러 사람이 모이지 못한 것은 코로나 바이러스의 강한 전염성 때문이었습니다. 하지만 코로나 바이러스는 그 바이러스를 가지고 있는 사람만이 다른 사람에게 전파시킬 수 있습니다. 우리가 전염성 있는 그리스도인이 된다는 것도 우리 안에 예수 그리스도가 계셔야 예수를 전염시킬 수 있는 것입니다.

코로나 바이러스에 걸리면 우리 몸에 변화가 일어납니다. 저도 코로나 바이러스에 걸린 적이 있는데, 기침이 나고 가래가 끓고 몸이 아프고 두통이 있었습니다. 식욕도 떨어지고 미각도 한동안 잃었습니다. 우리 안에 그리스도가 계실 때에도 변화들이 나타납니다. 우리 안에 있는 예수 그리스도는 코로나 바이러스가 가지고 있는 변화의 힘과 비교가 되지 않습니다. 그분이 우리 안에 계시면 우리의 죄가 사함을 얻고, 영원한 생명을 얻게 되며, 부활의 소망이 생깁니다. 예수님은 내주하시며 우리를 인도해 주시고 고난 중에도 소망을 주시며 환란 가운데도 평안을 주십니다.

이런 경험을 한 그리스도인이라면 다른 이들에게 그리스도를 증거하는 것이 당연하지 않겠습니까? 우리가 영화를 보고 나서 재미있거나 큰 감동을 받았으면 친구들에게 꼭 보라고 권합니다. 또 음식을 먹었는데 맛있으면 다른 사람에게 꼭 먹어 보라고 권합니다. 그렇다면 우리가 그리스도를 다른 사람에게 전하는 것은 지극히 당연한 일일 것입니다.

1장에서 살펴본 홍성철 목사는 이미 전도에 열심을 갖고 있었습니다. 그는 고등학교에서 영어를 가르칠 때 10명에 가까운 학생을 주님에게로 인도했습니다. 그들 가운데 많은 사람이 그리스도께 헌신해서 목사나 선교사가 되기도 했습니다. 바이끄 자매를 그리스도께 인도하는 데에 많은 역할을 한 양동철 형제도 마찬가지입니다. 그는 대학생 때 캠퍼스에서 학생들에게 복음을 전했습니다. 이런 분들은 타문화 선교만 하겠다는 목표를 가진 것이 아니라 주변에서 자기가 만나는 사람들에게 기회가 있을 때마다 그리스도를 증거하려고 한 전염성 있는 그리스도인이었습니다.

● 타문화에 대한 관심과 이해

안디옥에 간 흩어진 사람들이 처음에는 유대인들에게만 복음을 전하다가 헬라인에게도 복음을 전했다는 기록은 많은 의미를 가집니다. 당시 유대인과 헬라인의 관계는 우리가 상상하는 것 이상으로 나빴습니다. 우선 종교적으로 함께하기 어려운 상황이었습니다. 유대인들은 헬라인과 달리 돼지고기를 먹지 않았습니다. 돼지고기만 부정하다 생각한 것이 아니라 돼지고기를 먹는 사람들도 부정하다 생각했습니다. 그래서 돼지고기를 먹는 이방인의 집에 들어가는 것은 생각도 못했습니다. 아니, 유대인들은 이방인들과 사귀는 것 자체가 불가능하다고 생각했습니다.

그런 모습은 사도행전 10장에서 베드로가 로마 백부장 고넬료의 초청을 받았을 때 분명히 드러납니다. 베드로는 하나님의 환상을 본 후에 고넬료의 집에 갔지만 그곳에서도 유대인으로 이방인의 집에 들어가는 것은 불법이라고 말합니다. 이런 점을 고려할 때 안디옥에서 유대인들이 헬라인들에게 다가가서 그리스도를 증거했다는 것은 대단한 일이 아닐 수 없습니다.

유대인과 헬라인 사이에는 단순히 종교적 갈등만 있었던 것이 아닙니다. 정치적 갈등도 만만치 않은 장벽이었습니다. 주전 600년에 일어난 바벨론 포로 사건 이후로 유대인들은 이민족들에게 시달려 왔습니다. 주전 530년 페르시아 고레스 왕의 칙령에 의해 유대인들이 예루살렘과 유대 지역으로 돌아와 그런대로 안정적인 삶을 살고 있었는데, 주전 330년에 혜성같이 등장한 그리스의 알렉산더 대왕에 의해서 다시 유대 지역은 헬라 왕들에게 유린당했습니다.

특별히 알렉산더 대왕 사후에 헬라 제국은 넷으로 나뉘어지는데, 그 가운데 유대 북쪽에 있었던 셀레우코스 왕국과 남쪽의 프톨레마이오스 왕국의 확장 정책에 따라 유대는 고래 싸움에 끼인 새우처럼 계속 피해를 보게 됩니다. 후에 셀레우코스 왕들에 의해 예루살렘의 성서가 더럽혀지고 반항하는 유대인들은 무참하게 학살당하기도 합니다. 이런 수치를 300년 동안 당해 온 유대인들이 모든 민족적 감정을 뛰어넘어 헬라인들에게 복음을 전했다는 것은 놀라운 일이 아닐 수 없습니다.

그뿐만 아니라 흩어진 사람들은 헬라인들에게 '주 예수'를 전했다고 기록하고 있습니다. '주 예수'라는 표현은 유대인들보다는 헬라인들에게 익숙합니다. 유대인들은 예수 그리스도를 증거할 때 '그리스도' 혹은 '메시아'라는 용어를 사용했습니다. 이 용어는 구약에서 이미 사용하던 용어로 유대인들에게 매우 익숙했습니다. 하지만 구약을 잘 모르는 헬라인들에게 '그리스도'나 '메시아'라는 용어는 매우 낯설었습니다.

반면 '주'라는 용어는 헬라어로 '퀴리오스'(χύριος)인데, 이 용어는 헬라 사람들이 믿는 신들, 예를 들어 제우스, 헤르메스, 아폴론, 포세이돈과 같은 신들을 부를 때 사용하는 종교적 용어임을 앞에서 말했습니다. 그러니 안디옥에 있는 헬라인들은 멀리 예루살렘에서 온 유대인들이 예수를 '주'라고 소개했을 때 상당히 익숙하게 들렸을 것입니다. 이것을 "상징 빼앗기"(symbol theft)라고 하는데, 복음을 타문화 상황에서 증거할 때 수신자들이 사용하는 종교적 용어나 상징을 취하는 상황화의 한 종류입니다.

● 그리스도의 지상 명령에 대한 이해와 헌신

흩어진 사람들이 지나간 궤적을 살펴보면 다음과 같습니다. 사도행전 8장 1절에는 유대와 사마리아와 모든 땅으로 흩어졌다고 기록하고 있습니다. 그리고 11장 19절에는 베니게와 구브로와 안디옥으로 갔다고 되어 있으며, 11장 20절에 구브로와 구레네에서 온 흩어진 사람들의 이야기가 등장하는 것을 보면 이들은 다양한 곳으로 흩어져 갔음을 알 수 있습니다. 그런데 이들의 족적을 보면서 사도행전 1장 8절에 예수님이 제자들에게 부탁하신 말씀이 떠오릅니다.

오직 성령이 너희에게 임하시면 너희가 권능을 받고 예루살렘
과 온 유대와 사마리아와 땅 끝까지 이르러 내 증인이 되리라 하
시니라.

이 명령은 예수님이 승천하기 전에 제자들에게 부탁하신 말씀이
며 우리는 그것을 '지상 명령'이라고 부릅니다.

예수님은 제자들에게 여러 명령을 주셨습니다. 예를 들어 제자
들에게 "겸손하라!", "서로 사랑하라!", "하나가 되라!"고 하셨습니
다. 하지만 예수님의 지상 명령은 그 어떤 다른 명령과 비교할 수
없습니다. 지상 명령은 우리의 온 마음과 온 힘을 다해 준수해야만
하는 것입니다. 그런데 주님의 그 지상 명령을 최초로 순종한 사람
들이 다름 아닌 흩어진 사람들입니다.

흩어진 사람들은 주님의 지상 명령이 무엇인지 이해하고 실천한
사람들입니다. 지상 명령을 수행하기 위해서는 반드시 헌신이 필요
합니다.

지난 2,000년의 기독교 역사는 이렇게 지상 명령에 헌신한 사람
들의 역사라고 해도 과언이 아닙니다. 초대 교회로부터 오늘날에
이르기까지 아직도 복음이 전해지지 않은 곳에 그리스도의 지상 명
령에 헌신한 사람들이 복음을 전한 결과, 교회가 없는 곳에 교회가
세워지고, 그리스도를 알지 못하던 사람들 사이에 주님을 예배하는

사람들이 생긴 것입니다.

지난 300년 동안 복음의 불모지로 용감하게 갔던 제도권 선교사들의 헌신도 대단합니다. 하지만 선교사라는 타이틀 없이 험지를 다니며 복음을 전한 풀뿌리 선교를 감당한 성도들도 잊어서는 안 됩니다. 어떤 면에서 풀뿌리 선교인들은 제도권 선교사들보다 험지로 나갈 가능성이 높습니다. 물건을 팔아 이익을 남기는 상인들이 엄청난 위험을 감수하는 것처럼 말입니다.

한번은 앞에서 언급한 바 있는 K 선교사가 인도네시아의 오지에 가서 그곳 목회자들에게 양계 기술을 가르치고 온 적이 있습니다. K 선교사와 대화를 나누면서 그런 오지에 사람들이 있다는 것을 어떻게 선교사들이 알고 들어갔을까 하고 의아해 했더니, 선교사들이 들어가기 전에 상인들이 벌써 길을 만들어 놓은 것이라 말해 주었습니다. 그 말을 듣는 순간 소름이 돋았습니다. 그렇습니다. 장사해서 이익을 남기려는 사람들은 위험을 무릅쓰고 오지로 들어갈 준비가 되어 있습니다. 만약 그런 사람들이 복음도 함께 가지고 들어간다면 미전도 종족이라는 말은 조만간 사라질 수도 있을 것입니다. 중요한 것은 오지로 들어가는 것을 단순히 장사라는 기회로만 보는 것이 아니라 흩어진 사람들처럼 그리스도의 복음을 전하는 기회로 보고 헌신할 수 있는가 하는 점입니다.

● 섬김을 위한 유능함과 기쁜 마음

풀뿌리 선교를 전문성이 없는 평신도들이 닥치는 대로 하는, 별로 가치 없는 선교로 치부하는 것은 매우 잘못된 생각입니다. 한국 교회가 부흥을 경험한 70년대와 80년대에 사람들을 전도해서 교회에 데리고 온 사람들은 교역자들이 아니었습니다. 대부분 평신도였습니다. 이런 상황을 어떤 목사는 이렇게 말했습니다. "양의 새끼를 양이 낳느냐, 목자가 낳느냐?" 평신도들이 전도하는 것은 당연하다는 말이지요.

평신도들이 진정으로 의미 있는 신앙생활을 하기 위해서는 계속 젖 먹는 아기로만 살아서는 안 됩니다. 성경은 그리스도를 믿는 신자들이 장성한 분량에 이르도록 계속해서 권면하고 있습니다. 교회의 대형화가 진행될수록 수동적인 성도가 많아지고 있습니다. 이런 자세는 선교에도 영향을 끼치게 됩니다. 풀뿌리 선교는 이런 수동적인 성도들 속에서는 절대로 생길 수 없습니다.

사도행전 11장에 등장하는 흩어진 사람들이 안디옥에서 헬라인들에게 예수님을 전할 때 '그리스도'라는 용어 대신 '주'라는 용어를 사용한 것은 그들이 이미 선교적으로 매우 잘 훈련되어 있음을 증명하는 것입니다. 따라서 그냥저냥 신앙생활을 하는 성도들이 풀뿌리 선교를 할 수 있는 것이 아니고 유능하고 기쁜 마음으로 섬기는 사람들만이 풀뿌리 선교를 할 수 있습니다.

하지만 아무리 기쁜 마음으로 풀뿌리 선교에 참여하고 싶어도 유능하지 않다면 아무것도 할 수 없습니다. 따라서 풀뿌리 선교인으로서 우선 본국에서 선교에 참여하는 것이 매우 중요합니다.

이런 풀뿌리 선교인들이 선교사로 헌신하는 것은 자연스러운 일입니다. 그런데 풀뿌리 선교 경험이 없는 사람이 갑자기 열정이 끓어올라 선교지에 가는 것은 거의 기대할 수 없을 것입니다. 중국 내지 선교회를 창설하여 중국 선교에 큰 기여를 한 허드슨 테일러는 이렇게 말했습니다.

어떤 사람이 배를 타고 선교지에 간다고 해서 선교사가 되는 것은 아닙니다. 그 사람이 만약 자기의 본국에서 선교사가 아니라면 배를 타고 간다고 해서 변화가 생기는 것은 아닙니다.

2. 지역 교회들의 이해

풀뿌리 선교를 실천하기 위해서는 지역 교회들의 이해도 필요합니다. 특히 변화된 선교적 상황을 이해해야 하고, 풀뿌리 선교 자체에 대해서도 이해하고 있어야 합니다.

● 선교적 상황 변화에 대한 이해

우선 상당히 많은 선교지에 선교사들이 더 이상 쉽게 입국할 수 없게 되었다는 사실을 인지하고 있어야 합니다. 이슬람 국가들이나 공산주의 나라에서는 선교사라는 신분으로 입국하는 것이 여전히 불가능합니다. 이러한 곳을 창의적 접근 지역이라 부릅니다. 하지만 우리가 개방된 나라라고 부르는 일본, 태국, 대만 같은 곳도 상황은 크게 다르지 않습니다.

그런 나라에 들어갈 때 선교사 비자를 받아 가기는 하지만 50년 전이나 100년 전처럼 외국인 선교사에게 현지인들은 더 이상 관심을 갖지 않습니다. 이런 개방된 지역에서 선교사들은 다시 현지인들과의 새로운 접촉점을 마련하기 위해서 노력해야만 합니다. 태국이나 일본 같은 나라에서 교회를 개척한다 해도 사람을 모으기가 쉽지 않습니다. 그래서 선교사들은 전도하기 전에 태권도나 기타, 영어, 혹은 한국 요리를 가르치면서 창의적으로 접촉점을 만들려고 애씁니다.

우리는 아프리카나 아시아의 개발 도상국에 가면 언제나 선교지에 간다고 말하지만 이 말의 의미를 잘 생각해 볼 필요가 있습니다. 기독교인이 80퍼센트가 넘는 우간다에 가는 것을 선교지에 간다고 말해야 할지 고개가 갸우뚱해집니다. 그런 나라들이 경제적으로 열악해서 교회 건물이 낡거나 목회자의 생활이 어려울 수 있지만 그런 곳에 경제적 지원을 하는 것이 지역 교회의 자립을 해칠 수 있다는 사실도 심각하게 고려해야 합니다. 심지어 그 교회들이 열악한 환경에서도 선교하려는 것을 격려하되 서구 교회들이 막강한 경제력으로 선교하던 모델과는 다른 방식의 선교가 있음을 인식해야 합니다. 초대 교회의 선교는 강함을 전제로 한 것이 아니라 약함을 전제로 했습니다. 바울과 바나바와 같은 선교사들은 선교지 교회에서 연보를 모아 예루살렘 교회에 전달해 주었다는 사실을 기억해야 합니다.

또한 전통적인 선교사는 선교지에 갈 때에 일반적으로 매우 높은 비용의 지출을 전제로 합니다. 선교 본부의 운영비와 여러 구성원의 생활비 등을 포함하면 선교사들이 모금해야 하는 액수는 높아지게 됩니다. 이런 재정적 운영 형태에서는 한정된 수의 선교사밖에 파송하기가 어렵습니다. 한국 교회가 2만 명의 선교사를 위해서 지출하는 비용이 줄잡아 연간 미화 5억 불 정도 됩니다. 이런 상황에서 선교사를 추가로 파송하는 것은 그만큼 한국 교회의 재정적 부담을 증가시키는 것입니다.

하지만 선교의 기회가 줄어드는 것만은 아닙니다. 하나님이 이 시대에 우리에게 열어 주시는 새로운 기회들이 있습니다. 가장 대표적인 것은 세계적으로 이주가 빈번해졌다는 점입니다. 우리에게 외국에 나갈 수 있는 기회가 많아졌습니다. 몇 년 전만 해도 미국에 있는 유학생들 가운데 중국 학생 다음으로 한국 학생이 많았습니다. 또한 한국인 사업가들이 전 세계를 누비며 한국 물건을 판매하고 있습니다. 또한 해외에서 가게를 차리는 경우도 많습니다. 그뿐만 아니라 하나님이 복음을 들을 수 없는 지역의 사람들을 한국으로 보내 주십니다. 이제 우리 집 문만 열면 선교지라고 해도 과언이 아닙니다.

● 풀뿌리 선교에 대한 이해

이제 여러분은 이미 풀뿌리 선교에 대해 상당한 이해를 갖게 되었을 것입니다. 하지만 아직도 많은 교회와 성도에게 풀뿌리 선교는 낯선 용어일 수 있습니다. 그동안 지역 교회는 제도권 선교만을 이해하고 그런 선교를 실천해 왔습니다. 심지어 지난 30년 동안 많은 성도가 참여한 단기 선교 여행도 풀뿌리 선교의 관점에서 진행된 것이 아니라 제도권 선교의 관점에서 진행되어 왔습니다.

단기 선교 참여자들이 자신의 상황과는 전혀 관계없는 곳으로 가서 낯선 문물을 접하고, 자신이 속한 교회에서 파송했거나 후원하는 선교사들을 만나고, 그 선교사들이 섬기는 사람들을 만나 감격해서 눈물을 흘리고, 자신이 가지고 간 것을 모두 털어 주고 돌아오는 방식이었습니다. 하지만 한국에 와서 며칠 지나면 언제 그랬냐는 듯 일상으로 돌아가고, 정작 자기 주변에 있는 타문화 사람들에게는 전혀 관심조차 주지 않습니다.

만약 지역 교회들이 모든 성도에게 풀뿌리 선교에 대해서 가르치고 실천하게 한다면 어떤 일이 벌어질까요? 성도들은 자신들의 일상에 가까이 와 있는 타문화 사람들에게 관심을 가질 것입니다. 그들의 문화와 언어, 종교에 관심을 가지게 될 것입니다. 그리고 그들에게 어떻게 예수 그리스도를 증거할 것인가를 기도하며 고민할 것입니다.

이런 성도들은 특별한 목적을 가지고 자신들이 파송했거나 후원하는 선교사들에게 찾아갈 수 있을 것입니다. 그리고 선교지는 어떤 곳인지, 장기로 헌신한 선교사의 삶이 어떤지를 더 잘 이해하게 될 것입니다. 그러고 나서 돌아오면 주변의 타문화 사람들을 더 잘 이해하고 도울 수 있을 것입니다. 그리고 이런 일을 전적으로 하기 원하는 성도가 있다면, 그 성도가 장기 선교사로 헌신하는 일도 일어날 것입니다.

그러기 위해서 지역 교회가 해야 할 일은 선교라는 이름으로 무언가를 열심히 할 것이 아니라 성도들의 선교적 체질을 강화시켜야 합니다. 선교 교육도 더 체계적으로 이루어져야 하고, 제자 훈련 커리큘럼에 타문화 교육이 자연스럽게 녹아들어 있어야 합니다. 선교가 열정 있는 몇 사람의 전유물이 아니며 모든 성도의 일상에서 일어나는 자연스러운 일로 인식되어야 합니다. 타문화를 이해하고 타

종교를 이해하려는 마음이 성도들 안에 자연스럽게 자리 잡아야 합니다. 그리고 외국어를 배우려는 노력도 생겨야 합니다.

마지막으로 지역 교회들은 선교 전략적인 측면에서 성도들이 선교적 삶을 실천할 수 있는 여지를 주어야 합니다. 일반적으로 한국에 있는 많은 지역 교회는 다양한 프로그램을 운영하고 있습니다. 정신이 없을 정도로 교회 내의 많은 프로그램은 성도들이 밖으로 눈 돌릴 여지가 없게 만듭니다. 하지만 우리 가까이에 와 있는 타문화 사람들은 교회 프로그램 밖에 있습니다. 지역 교회들은 풀뿌리 선교에 대해서 가르칠 뿐만 아니라 그것을 실천할 수 있는 여지를 성도들에게 주어야 합니다.

3. 제도권 선교사들과 선교 단체들의 이해

이 책을 마무리하면서 한 가지 염려되는 점이 있습니다. 풀뿌리 선교를 주장하는 것이 마치 제도권 선교를 무시하거나 제도권 선교가 없어져야 한다고 하는 것처럼 들릴까 싶어 우려됩니다. 이것은 저만의 생각은 아니고 미리 원고를 읽어 주신 몇 분의 의견이기도 합니다.

저는 제도권 선교의 무용론을 주장하는 것이 결코 아닙니다. 다만 선교 상황의 현실을 직시하자고 드리는 말씀입니다. 제도권 선교는 많은 곳에서 큰 도전에 직면하고 있다는 점을 말씀드렸습니다. 한국 교회는 선교사를 파송하는 것으로 선교의 성공 여부를 평가하려는 경향이 있지만 필드에서는 한국에서 생각하는 것과 매우 다른 상황들이 펼쳐지고 있습니다. 많은 선교사가 선교지에서 비자 때문에 많은 어려움을 겪습니다. 단기 비자로 일 년에 두 번씩 다른 나라를 다녀와야 하고, 어떤 때는 몇 년 동안 자기가 원하는 사역지에 들어가지 못해 여러 곳을 배회하기도 합니다.

하지만 한국 교회는 한 번 선교사면 영원한 선교사라느니, 선교사는 선교지에서 뼈를 묻어야 한다느니 하는 선교사에 대한 현실성 없는 기대로 선교사들이 선교지를 떠나 한국으로 돌아와 다른 직업을 갖는다거나 선교지에서 조기에 은퇴하는 것을 더욱 어렵게 하고 있습니다.

저도 제도권 선교사입니다. 절대로 제도권 선교사를 폄하하려는 마음이 없습니다. 다만 새로운 상황에 맞도록 변화가 필요하다고 주장하는 것입니다. 저는 제도권에 있는 선교사들과 선교 단체들도 이제 이런 상황적 변화를 수용하고 변화를 위해 함께 소리 내야 한다고 생각합니다.

이런 문제는 비단 한국 선교사나 선교 단체만의 문제가 아닙니다. 20년 전에 세계적으로 잘 알려진 한 선교 단체에서 일하고 계신 선교사님과 대화를 나눈 적이 있습니다. 그 단체는 서구 출신의 선교사님이 대부분인데 그분의 말씀에 따르면 리더들이 걱정을 많이 하고 있다는 것입니다. 은퇴로 인해 굉장히 높은 비율로 선교사들이 빠져나가고 있는데, 젊은 선교사들로 충원되지 않기 때문입니다. 그래서 국제 리더들이 서구가 아닌 제3세계 교회에서 자기 단체로 회원들을 동원하기 위한 전략을 세우고 있다는 것입니다.

그 말을 들으며 저는 서구 선교는 세계 선교를 위해 서구 교회가 만든 일종의 기구라는 생각이 들었습니다. 예를 들면, 서구 교회에서 세계 선교를 위해 자동차를 만들었다고 합시다. 자동차가 계속 굴러가게 하려면 부품이 필요한데, 이제 서구에서는 부품 조달이 어려워졌다는 것입니다. 그래서 제3세계가 부품을 조달하는 공장 역할을 해 달라는 것이지요.

제 생각은 조금 달랐습니다. 자동차를 유지하기 위해서는 갈수록 큰 비용이 들고, 새로운 부품을 조달해도 자동차가 노후화되는 것을 막을 수 없다면 제3세계에서 다시 비싼 부품을 사들여 만들 것이 아니라 제3세계가 할 수 있는 새로운 운송 수단을 만들도록 돕는 것이 필요하다고 생각합니다. 그런 고민을 하던 터에 사도행전 11장을 묵상하면서 풀뿌리 선교를 생각하게 되었고, 풀뿌리 선교는 제3세계 교회에서 할 수 있는 적절한 선교 모델이라고 생각하게 되었습니다.

만약 제도권 선교사들이나 선교 단체들이 풀뿌리 선교가 그런 대안이 된다고 생각하고 함께 노력한다면 이 시대와 다음 시대에 더 효과적인 선교가 가능하리라 생각합니다.

Chapter Point

선교는 열정 있는 몇 사람의 전유물이 아니라 모든 성도의 일상에서 일어나는 자연스러운 일로 인식되어야 한다. 이렇게 될 때 우리는 예수님의 지상 명령을 이룰 수 있다.

나가면서

이 글을 쓰기 시작해서 마치는 데까지 4개월 정도 걸렸으니 그리 오랜 시간이 걸린 것은 아닙니다. 아마도 제가 쓴 10권의 책 가운데 원고를 쓰는 데 가장 짧은 시간이 걸렸을 것입니다. 하지만 머릿속에 떠오르는 여러 가지 생각을 정리하는 것은 쉽지 않았습니다. 글을 정리하면서 새롭게 배운 것도 많고, 이전에 가지고 있던 생각들 가운데 제 안에서 발전된 것도 있어 가지를 쳐야 하는 부분도 있었습니다.

무엇보다 제목을 뭐라고 할지 고민이 많았습니다. 어떤 분들은 "풀뿌리 선교"라는 제목에 만족하기도 했지만, 풀뿌리 선교라는 말을 듣고 고개를 갸우뚱하는 분도 많았습니다. 고민에 고민을 거듭하다가 결국 아주 긴 제목으로 결정하게 되었습니다. 그래서 "제도권 선교의 대안이며, 시의적절하고, 지극히 성경적인 풀뿌리 선교"
라고 짓게 되었습니다.

서점에서는 제목이 긴 책을 독자들이 별로 좋아하지 않는다는
이야기도 들었습니다. 하지만 풀뿌리 선교가 무엇인지에 대한 감이
전혀 없는 독자들을 위해서라면 이 정도의 제목이 필요하다는 확신
이 들었습니다. 이것이 긴 제목을 짓게 된 배경입니다. 독자들이 이
책의 제목을 보고 어떤 반응을 보일지 궁금합니다.

늘 그렇듯이 책을 쓰고 나면 마치 출산한 것 같은 느낌이 들어
힘들지만 매우 뿌듯합니다. 저는 이제 기도로 이 책을 마무리하려
고 합니다.

하나님, 빛도 없이 이름도 없이 흩어져 자신이 있는 곳에서 복음
을 전했던 많은 풀뿌리 선교인을 인하여 감사합니다. 우리 삶이
하나님에게 드려진다는 것은 얼마나 기쁘고 복된 일인지 모릅니
다. 오늘도 그렇게 살고 있는 흩어진 사람들을 축복해 주시고 그
들이 하늘의 별과 같이 영원히 빛나게 해 주시기를 간절히 기도합
니다. 아멘!

1865년 허드슨 테일러가 창설한 중국내지선교회(China Inland Mission, CIM)는 1951년 중국 공산화로 인해 중국에서 철수하면서 동아시아로 선교지를 확장하고 1964년 명칭을 OMF International로 바꿨다. OMF는 초교파 국제선교단체로 불교, 이슬람, 애니미즘, 샤머니즘 등이 가득한 동아시아에서 각 지역 교회, 복음적인 기독 단체와 연합하여 모든 문화와 종족을 대상으로 예수 그리스도가 구세주이심을 선포하고 있다. 세계 30개국에서 파송된 1,400여 명의 OMF 선교사들이 동아시아 18개국의 신속한 복음화를 위해 사역 중이다.

VISION

우리는 하나님의 은혜로 동아시아의 각 종족 안에 자기 종족을 전도하며 타종족을 선교하는 토착화된 성경적 교회 개척 운동이 일어나는 것을 소망한다.

MISSION

우리는 그리스도의 온전한 복음을 동아시아인들과 함께 나눔으로 하나님을 영화롭게 한다.

OMF 사역 중점

· 우리는 미전도 종족을 찾아간다.

· 우리는 소외된 사람들에게 관심을 갖는다.

· 우리는 복음을 전하는 일에 주력한다.

· 우리는 현지 지역교회와 더불어 일한다.

· 우리는 국제적인 팀을 이루어 사역한다.

OMF International-Korea

한국본부 (06554) 서울시 서초구 방배중앙로 29길 21 호언빌딩 2층

전 화 02-455-0261, 0271   **팩 스** 02-455-0278

홈페이지 www.omf.or.kr   **이메일** omfkr@omf.net

풀뿌리 선교

초판 발행	2023년 6월 5일
지은이	손창남
발행인	손창남
발행처	(주)죠이북스(등록 2022. 12. 27. 제2022-000070호)
주소	02576 서울시 동대문구 왕산로19바길 33, 1층
전화	(02) 925-0451 (대표 전화)
	(02) 929-3655 (영업팀)
팩스	(02) 923-3016
인쇄소	시난기획
판권소유	ⓒ(주)죠이북스
ISBN	979-11-982861-0-9 03230